Título Original: INGLES PARA TODOS
© 2007, TriAltea USA / Universidad del Inglés

De esta edición:
Derechos Reservados © Universidad del Inglés
2121 SW 27th Ave
MIAMI, FL 33145
Tel. 1-800-210-0344
www.u-ingles.com

Universidad del Inglés es un sello editorial de TriAltea USA, LLC

Fotografía de cubierta: Getty Images

ISBN-10 : 0-9796067-2-1
ISBN-13 : 978-0-9796067-2-4

Esta edición se compone de un libro más cuatro DVDs.

Primera edición: Julio 2007

Impreso en U.S.A.

INTRODUCCIÓN

Estimado Amigo,

¡Felicitaciones! Has tomado la buena decisión de aprender inglés. Y has elegido el curso que te va ayudar conseguirlo. Queremos que aprendas de una forma entretenida, visual y muy sencilla. Para ello hemos creado para ti un curso que reúne todas estas características, teniendo siempre en cuenta que tú, nuestro alumno, eres nuestra principal prioridad. Sabemos lo que quieres y lo que estás buscando, y hemos desarrollado el curso pensando en ti.

Muchos de los alumnos de la *Universidad del Inglés* desean hablar inglés para vivir en Estados Unidos y para alcanzar en su día la ciudadanía. Conscientes de esta necesidad, a este curso le hemos añadido las preguntas de ciudadanía que la US Citizenship and Immigration Services incluye en su portal, como muestra de preguntas y respuestas de Historia y Gobierno de los Estados Unidos de América preparatorias para el examen de naturalización y ciudadanía. Seguro que será de extrema utilidad para todos nuestros alumnos que desean prepararse para este examen (1).

Para aprender rápido y para siempre con el curso de inglés que ahora tienes en tus manos, sólo deberás seguir unos sencillos pasos y dedicarle un poco de tu tiempo y atención para aprender lo que quieres saber del inglés. Te enseñaremos lo que necesitas para desenvolverte con soltura y habilidad en el idioma inglés y en las situaciones más cotidianas.

Nuestro programa de estudios lo hemos repartido en 13 capítulos. Cada capítulo contiene un material de aprendizaje progresivamente más avanzado, muy claramente explicado en español, cuando sea necesario. Hemos creído que lo mejor era explicarte los conceptos clave con numerosos ejemplos y ejercicios de autocorrección para facilitarte la comprensión y asimilación de lo esencial del inglés que se habla en Estados Unidos.

INTRODUCCIÓN

Un idioma se aprende mejor si se entiende la cultura y las costumbres del país en el que se habla ese idioma. En nuestro caso, ese país es Estados Unidos y te hemos preparado unos materiales muy entretenidos que te permitirán conocer mejor este país. A esta sección le hemos llamado *La Vida en los Estados Unidos*.

A petición de muchos estudiantes de anteriores cursos de la *Universidad del Inglés*, en cada capítulo hemos incorporado sencillos trucos para aprender inglés por ti mismo, sin que te cueste un centavo. Sabemos que aprender inglés puede ser muy caro si no sabes cómo hacerlo por ti mismo. Esto es lo que hemos querido enseñarte en la sección *Para que Practiques por tu Cuenta*.

Al final de cada capítulo hemos preparado un breve examen para que por tí mismo puedas evaluar si has aprendido lo que se presentó en ese capítulo. Cada examen está estructurado en tres partes y todas las respuestas aparecen en la misma página. Si ves que has respondido bien al examen, podrás saber si puedes pasar al siguiente capítulo, pues ya habrás superado el contenido del capítulo que dejas atrás.

Y ya me despido de tí en este breve mensaje inicial. Pero no te abandonaré en todo el curso. Tanto yo como todo el equipo que formamos la Universidad del Inglés quedamos a tu disposición para cualquier consulta que desees hacernos. Y te mandamos toda nuestra energía positiva para que aprendas inglés y puedas comunicarte mejor en este idioma. Verás cómo podrás acceder a más y mejores oportunidades, ganar más y vivir mejor.

Con cariño,

Daniela Vives
Directora – Universidad del Inglés

(1) Existen otros materiales en nuestra editorial para prepararte para tu ciudadanía, tu residencia e incluso tu legalización en Estados Unidos. Están totalmente actualizados a la legislación americana actual sobre inmigración. No dudes en contactarnos para averiguar más.

ÍNDICE

ÍNDICE

ÍNDICE

ÍNDICE

ÍNDICE

CAPITULO
· 1 ·

SUMARIO

Presentaciones

Los pronombres personales

El verbo **to be**

Los saludos

Carta abierta a los estudiantes

Entregar algo a alguien
y cómo agradecerlo

Para que practiques por
tu cuenta sin pagar un centavo

Palabras clave

Ejercicios

Apuntes

Presentaciones

Aprendamos cómo se hacen en inglés las presentaciones entre personas.

Empezaremos por conocer cómo puedes presentarte a tí mismo:

Hello, **I am** Antonio

Hola, **yo soy** Antonio

Hello, **my name is** Antonio

Hola, **mi nombre** es Antonio

Si, en cambio, presentas a otra persona, lo más común es decir:

This is my friend Tomás

Este es mi amigo Tomás

Cuando dos personas se conocen por primera vez y se saludan, lo más habitual es usar la expresión **Nice to meet you**, que significa *Encantado de conocerle*. Veamos cómo se usa y cuál es la respuesta adecuada:

Nice to meet you

Encantado de conocerle/a

Nice to meet you, too

Encantado de conocerle/a a usted también

Lee el siguiente diálogo como ejemplo de un uso habitual de las presentaciones:

Hello, **my name is** Antonio. **Nice to meet you**

Hola, mi nombre es Antonio.
Encantado de conocerla

Hello, **I am** Linda. **Nice to meet you, too**

Hola, yo soy Linda.
Encantado de conocerle a usted también

Los pronombres personales

Para referirse a personas, animales, situaciones o cosas sin emplear su nombre, usaremos los pronombres personales.

Hay dos tipos de pronombres personales:

Los **pronombres personales de sujeto** en inglés son:

I / yo
You / tú
He / él
She / ella
It / ello
We / nosotros
You / ustedes
They / ellos

El pronombre **it** reemplaza a animales, cosas o situaciones. En español no usamos un pronombre personal para reemplazar animales, cosas o situaciones sino que normalmente omitimos el sujeto cuando lo reemplazamos.

Pronombres personales de **sujeto**: se colocan delante del verbo

Pronombres personales de **objeto**: se colocan después del verbo

Veamos varios ejemplos del uso de pronombres personales:

Peter is young / Peter es joven
He is young / Él es joven

Peter and John speak English
Peter y John hablan inglés
They speak English
Ellos hablan inglés

Our family is Mexican
Nuestra familia es mexicana
We are Mexican
Nosotros somos mexicanos

Los Angeles is big
Los Angeles es grande
It is big
(...) es grande

✳ En español podemos decir *es grande* sin necesidad de mencionar el sujeto (*Los Angeles*) y por ello omitimos cualquier referencia a la ciudad. Pero en el idioma inglés **siempre** deberemos mencionar el sujeto antes del verbo en una frase. Al tratarse de una ciudad, reemplazamos *Los Angeles* por *It*.

Los pronombres personales

Lee las siguientes frases y fíjate cómo los pronombres personales reemplazan al sujeto en cada oración:

Yo soy fuerte	**I** am strong
Tú eres fuerte	**You** are strong
Él es fuerte	**He** is strong
Ella es fuerte	**She** is strong
(La silla) es fuerte	**It** is strong
Nosotros somos fuertes	**We** are strong
Ustedes son fuertes	**You** are strong
Ellas son fuertes	**They** are strong

Practiquemos con estos sencillos ejercicios cómo usar los pronombres personales en inglés.

¿Cón qué pronombre personal reemplazarías los siguientes sujetos?:

1) Si te refieres a tu amigo

_____

2) Si te refieres a tu prima

_____

3) Si te refieres a tus padres

_____

4) Si te refieres a California

_____

5) Si te refieres a tu amigo y a ti

_____

Key: 1) He : 2) She : 3) They : 4) It : 5) We

El verbo to be

El verbo inglés *to be* tiene dos significados en español: *ser* y *estar*. Puede significar tanto uno como otro.

A continuación te mostramos cómo usarlo cuando estás usando el verbo **to be** para expresar una acción que está ocurriendo ahora.
Es el tiempo verbal del presente simple:

I am
Yo soy / estoy

You are
Tú eres / estás ; Usted es / está

He is
El es / está

She is
Ella es / está

It is
Ello es / está

We are
Nosotros somos / estamos

You are
Ustedes son / están

They are
Ellos-as son / están

Vamos a ver primero varios ejemplos del verbo **to be** con el significado *ser*:

I am tall
Yo **soy** alto

You are American
Tú **eres** americano

He is my friend
El **es** mi amigo

She is my wife
Ella **es** mi esposa

It is my book
(ello) **Es** mi libro

We are a family
Nosotros **somos** una familia

You are my neighbors
Ustedes **son** mis vecinos

They are my cousins
Ellos **son** mis primos

El verbo to be

Veamos ahora ejemplos del verbo **to be** con el significado *estar*:

I **am** in Los Angeles	Yo **estoy** en Los Angeles
You **are** at my home	Tú **estás** en mi casa
He **is** at Peter's	El **está** donde Peter
She **is** downstairs	Ella **está** en el piso de abajo
My book **is** on the table	Mi libro **está** en la mesa
We **are** with the family	Nosotros **estamos** con la familia
You **are** with my neighbors	Ustedes **están** con mis vecinos
They **are** at my cousins'	Ellos **están** donde mis primos

A continuación, te proponemos realizar un sencillo ejercicio para afianzar lo que acabamos de aprender. Escribe en inglés la frase que corresponda:

1) Ella es mi amiga

2) Nosotros somos una familia

3) Yo estoy en el piso de abajo

4) Mi perro es grande

5) Ustedes están en California

Key: 1) She is my friend ; 2) We are a family ; 3) I am downstairs ; 4) My dog is big ; 5) You are in California

Los saludos

Aprendamos ahora cómo se dicen en inglés los saludos.

En primer lugar, conozcamos cómo se dicen las partes del día:

Morning
Mañana (hasta las 12 del mediodía)

Afternoon
Después del mediodía

Evening
La segunda mitad de la tarde

Night
A la noche, al irse a acostar

Los saludos van variando a lo largo del día:

Good morning
Buenos días

Good afternoon
Buenas tardes (la primera mitad de la tarde)

Good evening
Buenas tardes (la segunda mitad de la tarde)

Good night
Buenas noches (cuando te despides para irte a acostar)

También puedes saludar sin hacer referencia alguna al momento del día con algunas de las siguientes expresiones:

Hello / Hola

Hi / Hola (más informal)

Hey, there! / Hola (muy informal)

Hey, buddy! / Hola, amigo (muy informal)

Goodbye / Adiós

Bye o **bye,bye** / Adiós (más informal)

See you later / Nos vemos luego

Para practicar lo aprendido, realiza el siguiente ejercicio. Escribe cómo saludarías en cada una de las siguientes situaciones:

1) Te despides para irte a acostar_____

2) En tu reloj son las 2 de la tarde_____

3) Si llegas por la mañana a tu trabajo_____

4) Te vas al final de la tarde del trabajo_____

Key: 1) Good night ; 2) Good afternoon ; 3) Good morning ; 4) Good evening

Los saludos

Usualmente, los saludos que hemos aprendido los acompañarás de expresiones del tipo *¿Cómo estás? ¿Qué tal?*, etc. Aprendamos cómo se dicen en inglés:

How are you?
¿Cómo estás?

How are you doing?
¿Cómo estás? (más informal)

How is it going?
¿Cómo está yendo? ¿Cómo te va?

What's up?
¿Qué hay de nuevo? ¿Qué tal?

Es muy habitual responder sin contestar, usando alguna de las mismas preguntas que te acaban de hacer. También se puede responder con alguna de las expresiones que te mostramos a continuación:

OK, thanks / OK, gracias

Good, thanks / Bien, gracias

Fine, thanks / Bien, gracias

Very well, thanks
Muy bien, gracias

Leamos los siguientes ejemplos:

En un entorno o situación formal

Antonio: Good morning. How are you?

Linda: Hello, good morning. Fine, thanks.

En un entorno más relajado

Antonio: Hi! How are you doing?

Susan: Hi! Very well, thanks.

Con tus amigos es habitual escuchar estos saludos

Antonio: Hi, buddy! What's up?

Peter: Hey there! How is it going?

Carta abierta a los estudiantes de la Universidad del Inglés

Ref.: El orgullo de ser inmigrante

Estados Unidos es un país de inmigrantes. Siempre lo ha sido y lo sigue siendo en la actualidad. Este país se ha conformado en base a la inmigración masiva de personas que han emigrado desde sus países por diferentes motivos. Pero, en cualquier caso, todos los inmigrantes de ayer tienen algo en común con los que llegan hoy: vinieron firmemente decididos a buscar una vida mejor en Estados Unidos. Personas valientes que tuvieron que trabajar duro para hacerse un futuro digno en este país.

¿No crees que es exactamente lo que te ha sucedido a ti? Amigo, no te sientas inferior a ninguno de los que te rodean. Casi todas las personas que viven en este país son descendientes de inmigrantes, igual que lo serán tus hijos y tus nietos. Tú has dado el valiente paso de venir a Estados Unidos. Siéntete orgulloso por ello. Has venido a buscar un futuro mejor para tu familia, igual que hicieron los padres y abuelos de las personas que te rodean.

Hasta observarás que los americanos se refieren con orgullo a la persona de su familia que en su día decidió aventurarse y venir a Estados Unidos. Así hablarán tus hijos y tus nietos de ti. Por eso, por mal que puedas estar pasándolo ahora, has de estar seguro que debes sentirte orgulloso por lo que estás haciendo. Tus hijos te lo agradecerán siempre.

Daniela Vives
Directora
Universidad del Inglés
P.O. Box 454402
Miami, FL 33245-4402

Entregar algo a alguien y cómo agradecerlo

Cuando queremos entregar o dar algo a alguien, usaremos en inglés alguna de estas dos expresiones:

Here you are

There you are

Ambas expresiones las traduciríamos en español como

Aquí tiene

Para agradecer algo a alguien, las expresiones que más se usan en inglés son las siguientes:

Thank you / Gracias

Thanks / Gracias

Thanks a lot / Muchas gracias

Thank you very much
Muchísimas gracias

La respuesta más frecuente cuando te agradecen algo es:

You are welcome!
No hay de qué

Cuando le agradeces a alguien en inglés algo que hizo por ti, es muy frecuente usar la expresión **Thank you for...** (*gracias por...*) a la que le suele seguir un verbo o un nombre. Leamos algunos ejemplos de cómo usar esta expresión:

Thank you for everything
Gracias por todo

Thank you for coming
Gracias por venir

Thank you for the book
Gracias por el libro

Thank you for inviting me
Gracias por invitarme

Expresiones para recordar

Cuando quieres pedir algo, usa siempre la palabra

Please / por favor

Si no entendiste lo que te dijeron,

Excuse me? / ¿disculpe?

Si deseas disculparte, lo más común es usar la expresión

I am sorry / lo lamento, lo siento

PARA QUE PRACTIQUES POR TU CUENTA
sin pagar un centavo

Te recomendamos hacerte con una libreta o cuaderno donde anotes todas las palabras y expresiones que aprendas siguiendo los trucos de aprendizaje que te mostramos en esta sección. Anota todo lo que te llama la atención y escribe también su significado. Repasar frecuentemente tus notas te ayudará a memorizar el inglés que irás aprendiendo por tí mismo. Es una forma entretenida y muy efectiva para aprender inglés sin pagar un centavo por ello. ¡Aprovéchalo!

Los avisos publicitarios

Los avisos publicitarios emplean normalmente expresiones muy cotidianas en las que con muy pocas palabras dicen muchas cosas. Son expresiones del día a día que se usan muy frecuentemente.

Fíjate en los avisos que veas en las revistas, en los periódicos, en la televisión e inclusive en las vallas publicitarias que veas en la calle o en los autobuses, por ejemplo.

PARA QUE PRACTIQUES POR TU CUENTA
sin pagar un centavo

Anota en tu libreta las expresiones que más te llamen la atención y luego busca en el diccionario o pregúntale a alguien qué quieren decir esas expresiones si no las has entendido. Luego, repasa tus notas y memoriza las expresiones anotadas. Por último, intenta usarlas siempre que te sea posible y verás qué buena reacción tendrán las personas con las que hables cuando vean que usas estas expresiones tan coloquiales.

Ver la televisión y escuchar la radio

Otra manera muy divertida de aprender inglés por ti mismo sin pagar un centavo es ver la televisión o escuchar la radio en inglés. A la vez que te divertirás, podrás escuchar el inglés que se usa en las conversaciones y diálogos entre americanos.

Seguro que al principio te costará un poco entenderlo, pero muchas personas antes que tú han aprendido inglés de verlo en TV y de escucharlo en la radio: más del 90% de los inmigrantes latinos mencionan la TV y la radio como las actividades que más les han ayudado a aprender inglés.

Tu oído se irá acostumbrando al acento americano y el contexto te ayudará a comprender muchas palabras y expresiones. Te divertirás a la vez que aumentarás rápidamente tu vocabulario. Verás qué buenos resultados te da.

EJERCICIOS

A Escribe en inglés cómo dirías las siguientes expresiones:

1. Gracias por todo

_____

2. Gracias por invitarme

_____

3. Muchísimas gracias

_____

4. ¿Qué hay de nuevo?

_____

5. Hola, ¿cómo te va?

_____

6. Muy bien, gracias (respuesta al anterior saludo)

_____

7. Hola, soy Antonio

_____

8. Este es mi amigo Tomás

_____

9. Encantado de conocerle

_____

10. Encantado de conocerle a usted también

_____

Key: 1) Thanks for everything ; 2) Thanks for inviting me ; 3) Thank you very much ; 4) What's up ; 5) Hi, how is it going? ; 6) Very well, thanks ; 7) Hello, I'm Antonio ; 8) This is my friend Tomas ; 9) Nice to meet you ; 10) Nice to meet you, too

EJERCICIOS

B Escribe en inglés:

1. Yo soy

_____

2. Tú eres / Usted es

_____

3. Él es

_____

4. Ella es

_____

5. Ello es

_____

6. Nosotros somos

_____

7. Ustedes son

_____

8. Ellos son

_____

Key: 1) I am ; 2) You are ; 3) He is ; 4) She is ; 5) It is ; 6) We are ; 7) You are ; 8) They are

C Usa los pronombres personales para sustituir el sujeto en las siguientes frases.
Ejemplo: **Peter is tall** sería *He is tall*.

1. Peter is my friend _____

2. Peter and John are American_____

3. Our family is from Honduras_____

4. The dog is big _____

5. My neighbors are nice _____

6. Linda studies Spanish _____

7. Linda and Peter speak English

Key: 1) He's my friend ; 2) They're American ; 3) We're from Honduras ; 4) It's big ;
5) They're nice ; 6) She studies Spanish ; 7) They speak English

APUNTES

CAPITULO
· 2 ·

SUMARIO

Nacionalidades

Aprendamos cómo se dicen en inglés algunos países y sus nacionalidades. Fíjate también que las nacionalidades y los idiomas en inglés se escriben con mayúscula, a diferencia del español, que lo hacemos en minúscula.

Ejemplos de países en los que la nacionalidad y el idioma se dicen igual:

España

País: Spain
Nacionalidad: Spanish
Idioma: Spanish

Inglaterra

País: England
Nacionalidad: English
Idioma: English

China

País: China
Nacionalidad: Chinese
Idioma: Chinese

Cataluña

País: Catalonia
Nacionalidad: Catalan
Idioma: Catalan

En cambio, hay otros países en los que el idioma se dice distinto que la nacionalidad. Veamos algunos ejemplos:

Colombia

País: Colombia
Nacionalidad: Colombian
Idioma: Spanish

México

País: Mexico
Nacionalidad: Mexican
Idioma: Spanish

Estados Unidos

País: United States
Nacionalidad: American
Idioma: English

El verbo **to be**: las contracciones del presente

Las contracciones son formas de acortar algunas palabras.
Las contracciones se usan mucho cuando usamos el verbo **to be**.
Así que veamos cómo contraerlo, porque así lo escucharás
casi siempre y sería bueno que te acostumbraras
a decirlo así también:

Observa cómo se contrae el verbo **to be**:

I am.	I'm.	**I'm** a student
You are.	You're.	**You're** at home
He is.	He's.	**He's** a teacher
She is.	She's.	**She's** a nurse
It is.	It's.	**It's** a big city
We are.	We're.	**We're** Mexican
They are.	They're.	**They're** my family

RECUERDA

Es importante que recuerdes
que las contracciones solo se
usan en oraciones afirmativas
y negativas, pero nunca se
usan en preguntas que
empiecen con el verbo **to be**.

El verbo to be: las contracciones del presente

Aprendamos ahora cómo se usan las contracciones cuando estamos usando el verbo to be en su forma negativa, es decir, cuando lo usemos para significar que *no está* o *no es.*

Para decir *no soy* o *no estoy* simplemente debes agregar **not** después del verbo **to be.** Fijémonos en los siguientes ejemplos:

I'm not at home	Yo no estoy en casa
I'm not his brother	Yo no soy su hermano
You're not in Honduras	Tú no estás (usted no está) en Honduras
You're not a teacher	Tú no eres (usted no es) un profesor
He's not in Los Angeles	Él no está en Los Angeles
He's not Colombian	Él no es colombiano
She's not in her apartment	Ella no está en su departamento
She's is not blonde	Ella no es rubia
We're not at the office	Nosotros/as no estamos en la oficina
We're not family	Nosotros/as no somos familia
You're not in the group	Ustedes no están en el grupo
You're not friends	Ustedes no son amigos/as
They're not in the class	Ellos/as no están en clase
They're not members	Ellos/as no son miembros

El verbo to be: haciendo preguntas

Ahora vamos a aprender a hacer preguntas con el verbo *to be*. Para hacer preguntas con el verbo *to be* debes colocar el verbo al principio de la oración.

Si te fijas, verás que es de la misma forma que hacemos con el verbo *ser* o *estar* en español:

En español preguntarías:
¿Son ustedes americanos?

En inglés dirás:
Are you American?

Practiquemos con unos cuantos ejemplos:

Are you a doctor?
¿Eres tú (es usted) un médico?

Is he at home?
¿Está él en su casa?

Are they Mexicans?
¿Son ellos mexicanos?

Is it a big city?
¿Es (ella) una gran ciudad?

Are you family?
¿Son ustedes familia?

RECUERDA

No olvides que las contracciones que vimos páginas atrás no se pueden hacer cuando hacemos preguntas que comienzan con el verbo **to be**, como en los ejemplos que acabamos de leer.

Practica ahora haciendo las preguntas que corresponden a estas respuestas:

1) Yes, it's a big dog
¿Is it a big dog?
2) Yes, she's my sister

3) Yes, you're my friend

4) Yes, they're from Chicago

5) Yes, we're invited to the party

6) Yes, I'm from Lima

Key: 2) Is she my sister? ; 3) Am I your friend? ; 4) Are they from Chicago? ; 5) Are you invited to the party? ; 6) Are you from Lima?

El verbo to be: haciendo preguntas

Cuando nos hagan preguntas con el verbo *to be* muchas veces responderemos con respuestas cortas.

Aprendamos cómo contestar con respuestas cortas a preguntas simples con el verbo **to be.**

Veamos los siguientes ejemplos:

Is she a teacher?
¿Es ella una profesora?
Yes, she is / Sí, lo es

Are you his brother?
¿Eres tú su hermano?
No, I'm not / No, no lo soy

Practiquemos ahora con estos nuevos ejemplos:

Are they at home?
¿Están ellos/as en su casa?

Yes, they are / Sí, lo están

Is he Chilean?
¿Es él chileno?

No, he isn't / No, no lo es

Are you at the office?
¿Estás tú (está usted) en la oficina?

Yes, I am / Sí, lo estoy

En estos ejemplos, si te has fijado bien, habrás podido observar que después de **Yes** o **No** se usa un pronombre personal de sujeto (**she, I**) que va seguido del verbo **to be** en afirmativo o en negativo, según sea la respuesta.

Yes, she is
No, I'm not

Responde con una respuesta corta a estas preguntas simples con el verbo **to be**:

1) Are you a doctor? Yes, I _____
2) Is she American? No, she _____
3) Are they at home? Yes, they_____
4) Is he Brazilian? No, he _____
5) Are you his sister? Yes, I _____
6) Is it a big car? No, it _____

Key: 1) am ; 2) isn't ; 3) are ; 4) isn't ; 5) am ; 6) isn't

La familia

Aprendamos cómo se dicen en inglés los miembros de una familia.

Parents	los padres	**Uncle**	Tío
Mother	Madre	**Aunt**	Tía
Father	Padre	**Cousins**	Primo / a
Brother	Hermano	**Nephew**	Sobrino
Sister	Hermana	**Niece**	Sobrina
Grandparents	los abuelos	**Husband**	Marido
Grandfather	Abuelo	**Wife**	Esposa
Grandmother	Abuela	**Children**	los hijos
Grandchildren	los nietos	**Child**	un hijo
Grandson	Nieto	**Son**	Hijo (varón)
Granddaughter	Nieta	**Daughter**	Hija (mujer)

In-laws   la familia política
              (la de tu mujer o marido)

Father in-law	Suegro
Mother in-law	Suegra
Brother in-law	Cuñado
Sister in-law	Cuñada

Las partes de la cara

Conozcamos cómo se dicen las partes de la cara en inglés:

Face	cara
Eye	ojo
Eyes	ojos
Hair	cabello
Nose	nariz
Ear	oreja
Mouth	boca
Lips	labios
Tooth	diente
Teeth	dientes
Cheek	mejilla

Cuando describimos las facciones de una persona, usamos muy frecuentemente estas palabras:

Small	pequeña
Big	grande

O si hablamos de sus cabellos, los podemos describir por el tipo, el color o el largo del cabello:

Straight	lacio
Wavy	ondulado
Curly	rizado

Black	negro
Blond	rubio
Blonde	rubia
Red haired	pelirrojo
Brown	castaño

Long	largo
Short	corto

Supongamos que Linda es rubia de pelo largo y ojos grandes y azules. En este ejemplo, la describiríamos de la siguiente forma:

Linda is blonde
Linda es rubia
She has long straight hair
tiene el pelo largo y liso
Her eyes are big and blue
tiene los ojos grandes y azules

LA VIDA EN LOS ESTADOS UNIDOS

La licencia de conducir

La licencia de conducir es el documento que más vas a necesitar a diario. En los Estados Unidos la licencia de conducir no se limita a darte el permiso de conducir, sino que cada vez que debas presentar un documento de identidad CON FOTO, éste será el mas apropiado. Si no sabes manejar, acude igualmente a un centro donde den licencias de conducir para que te emitan un documento de identificación con foto que se expide a las personas que no saben o no pueden manejar.

La bandera americana

La bandera americana tiene estrellas y barras, y ambas tienen su significado. Las 13 barras blancas y rojas representan los 13 colonias originales que existían en lo que hoy es Estados Unidos antes de la independencia de los ingleses en 1776.

Las 50 estrellas blancas sobre el cuadrado azul representan los 50 estados que forman actualmente los Estados Unidos. De hecho, son 49 estados y un distrito, el Distrito de Columbia, que es donde queda la capital del país, Washington.

LA VIDA EN LOS ESTADOS UNIDOS

Las regiones de Estados Unidos

Estados Unidos es un país muy extenso.
Se divide informalmente en siete áreas geográficas:

NorthEast:
los estados del Norte
del lado Este, Atlántico

SouthEast:
los estados del Sur,
también del lado Atlántico

South: los estados del Sur

Midwest:
los estados del centro
y norte del país

NorthWest:
del lado Oeste
(Pacífico) y al Norte

SouthWest:
California y sus estados
vecinos del Sur

Alaska y Hawaii,
o estados no
continentales

PARA QUE PRACTIQUES POR TU CUENTA
sin pagar un centavo

Te recomendamos hacerte con una libreta o cuaderno donde anotes todas las palabras y expresiones que aprendas siguiendo los trucos de aprendizaje que te mostramos en esta sección. Anota todo lo que te llama la atención y escribe también su significado. Repasar frecuentemente tus notas te ayudará a memorizar el inglés que irás aprendiendo por tí mismo. Es una forma entretenida y muy efectiva para aprender inglés sin pagar un centavo por ello. ¡Aprovéchalo!

Para mejorar tu pronunciación

Si quieres puedes ayudarte del espejo para mejorar tu pronunciación. Mírate en el espejo y repite varias veces las palabras lentamente. Fíjate de decir las palabras con claridad, estudiando cómo usas tus labios y dientes.

¡Verás como consigues mejorar tu pronunciación con esta técnica tan sencilla!.

PARA QUE PRACTIQUES POR TU CUENTA
sin pagar un centavo

Deletrear las palabras

Algo muy importante a saber es cómo deletrear las palabras. Inclusive en la escuela es considerado un tema clave en la educación de los chicos.

Saber deletrear en inglés es muy necesario porque es algo que se realiza muy frecuentemente, bien sea cuando uno da su nombre, su dirección, o cuando uno tiene dificultad en hacerse entender y pide que se deletree la palabra no entendida. Por tanto, practica mucho el cómo se dicen las letras del abecedario, ¡porque lo vas a usar mucho!. Por ejemplo, ¿sabrías deletrear tu nombre completo?. ¡Pruébalo!.

Te doy un truco para ponerlo en práctica: llama a tu compañía de teléfonos, o a cualquier servicio que requiera dar tu nombre por teléfono y practicalo con el operador que te atienda. ¡Llama ya!

Para aumentar tu vocabulario de alimentos

Una manera como puedes aumentar mucho tu vocabulario de alimentos es leyendo los anuncios de los supermercados que aparecen en los pediodicos o que llegan a tu correo. Siempre anuncian ofertas de productos con fotos, y al pie de esas fotos siempre te ponen el nombre del alimento o producto.
Sencillo, ¿no?

EJERCICIOS

A Escribe en inglés cómo dirías las siguientes expresiones:

1. Ana es pelirroja

2. Linda no está en su casa

3. Ustedes no están en el grupo

4. Peter no es colombiano

5. Nosotros somos mexicanos

6. ¿Son ustedes americanos?

7. Mi suegra es rubia

8. Mi cuñada es profesora

9. ¿Son ustedes familia?

10. ¿Eres tú su hermano?

Key: 1) Ana is red haired ; 2) Linda is not at home ; 3) You are not in the group ; 4) Peter is not Colombian ; 5) We are Mexican ; 6) Are you American? ; 7) My mother in-law is blonde ; 8) My sister in-law is a teacher ; 9) Are you family? ; 10) Are you his brother?

EJERCICIOS

B Escribe en inglés:

1. Abuelo

_____

4. Castaño

_____

7. Pelirrojo

_____

2. Hijos

_____

5. Cabello

_____

8. Sobrino

_____

3. Hermana

_____

6. Ojos

_____

Key: 1) Grandfather ; 2) Children ; 3) Sister ; 4) Brown ; 5) Hair ; 6) Eyes ; 7) Red haired ; 8) Nephew

C Usa respuestas cortas para responder a las preguntas. Ejemplo: **Is Peter American?** sería *Yes, he is.*

1) Are you studying English?   Yes, I _____

2) Is she blonde?   No, she_____

3) Are they the grandparents?   Yes, they_____

4) Is he your brother?   No, he _____

5) Are you red haired?   Yes, I _____

6) Is it a long hair?   No, it _____

Key: 1) am ; 2) isn't ; 3) are ; 4) isn't ; 5) am ; 6) isn't

APUNTES

CAPITULO

· 3 ·

· CAPITULO 3 ·

SUMARIO

Los pronombres personales de objeto

Ya has aprendido los pronombres personales que se colocan delante del verbo: *I, you, he, she,...* entre otros. Son lo que se llaman pronombres personales de sujeto.

Ahora vamos a aprender los **pronombres personales de objeto**, que son los que van después del verbo. Fíjate en estos ejemplos:

You, her y **him** son pronombres personales de objeto y se colocan después del verbo (**to love**).
Conozcamos los pronombres personales de objeto en inglés:

Me / (a mí) me
She loves me / ella me ama

You / (a ti) te
I love you / yo te amo

Him / (a él) lo
She loves him / ella lo ama

Her / (a ella) la
He loves her / él la ama

It / (a ello) le
I love it / (a la ciudad) yo la amo

Us / (a nosotros) nos
They love us / ellos nos aman

You / (a ustedes) les
We love you / nosotros les amamos

Them / (a ellos) les
I love them / yo les amo

I love you
Te amo a ti

I love her
La amo a ella

I love him
Lo amo a él

Los pronombres demostrativos

Aprendamos cómo se dicen en el inglés los pronombres demostrativos, que se usan para indicar algo de lo que estás hablando. Las palabras que usaremos en inglés son *this* y *that*

This quiere decir esto o esta, y se usa para indicar algo que está cerca de ti, que está próximo. Veamos algunos ejemplos:

This is my car
Este es mi auto

This is my dog
Este es mi perro

This is my house
Esta es mi casa

What is this?
¿Qué es esto?

This food is good
Esta comida es buena

That quiere decir aquel o aquella, y se usa para indicar algo que está lejos de ti, que está alejado.

That's my car
Aquel es mi auto

That's my dog
Aquel es mi perro

That's my house
Aquella es mi casa

What's that?
¿Qué es aquello?

That food is good
Aquella comida es buena

Practiquemos ahora con los siguientes ejemplos. Escribe en inglés usando **this** o **that**:

1) Este es mi auto

2) Aquella es mi casa

3) ¿Qué es esto?

4) Aquel libro es bueno

5) Esta es una buena película

6) ¿Qué es aquello?

Key: 1. This is my car 2. That's my house 3. What's this? 4. That book is good 5. This is a good movie 6. What's that?

Los pronombres demostrativos

Ahora conozcamos cómo se usa el plural de los pronombres demostrativos. En inglés se usan los pronombres *these* y *those*. Las palabras *these* y *those* se usan para indicar algo sobre lo que estamos hablando y que está en plural.

These quiere decir estos o estas, y se usa para indicar algo que está cerca de tí. Fíjate en las siguientes oraciones:

Look at these T-shirts!
¡Mira estas camisetas!

These are my sneakers
Estos son mis zapatos tenis

These are my books
Estos son mis libros

Are these your suitcases?
¿Son estas tus maletas?

Those quiere decir aquellos o aquellas, y se usa para indicar algo que está lejos de ti.

Look at those T-shirts!
¡Mira aquellas camisetas!

Those are my sneakers
Aquellos son mis zapatos tenis

Those are my books
Aquellos son mis libros

Are those your suitcases?
¿Son aquellas tus maletas?

Practiquemos ahora con los siguientes ejemplos. Escribe en inglés usando **these** o **those**:

1) Estos son mis libros

2) Aquellos son mis zapatos tenis

3) Mira estas camisetas

4) Aquellos libros son buenos

5) ¿Son aquellas tus maletas?

Key: 1.These are my books 2. Those are my sneakers 3. Look at these T-shirts! 4. Those books are good 5. Are those your suitcases?

El presente simple

El *presente simple* se usa para expresar acciones que se hacen habitualmente, por ejemplo, cosas que haces como parte de tu rutina. Se acompañan siempre de un pronombre.

Aprovecharemos también para aprender tres verbos que usarás frecuentemente, pues forman parte de las palabras más usadas en el inglés americano:

Get up / levantarse

Work / trabajar

Cook / cocinar

Ahora practicaremos el presente simple con estos tres verbos que acabamos de conocer:

I get up at 8:00am
me levanto a las 8

I work on weekends
trabajo los fines de semana

I cook every day
cocino todos los días

En la tercera persona del singular, que es cuando usas los pronombres **he, she** o **it**, has de acordarte de poner siempre una *s* al final del verbo. Esto lo harás siempre que uses (casi) cualquier verbo en presente simple. Veamos más ejemplos usando los verbos que aprendimos en esta página:

She works / ella trabaja

He works / él trabaja

It works / (ello) trabaja

Practiquemos ahora con el siguiente ejercicio. Escribe la frase que corresponde en inglés, detrás de la frase en español:

1) Ella cocina todos los días

2) Él trabaja los fines de semana

3) Ellos se levantan a las 8

4) Yo cocino todos los días

Key: 1. She cooks every day 2. He works on weekends 3. They get up at 8 4. I cook every day

El presente simple

Ahora aprenderemos a hacer preguntas usando el *presente simple*.

Nada mejor que aprovechar para aprender tres nuevos verbos que son de los más usados en inglés:

Speak / hablar

Live / vivir

Understand / entender

RECUERDA

Cuando queremos hacer preguntas en presente simple, antes hemos de aprender a usar los auxiliares **do** y **does**. Estas dos palabras no tienen ninguna traducción al español, aunque son palabras muy importantes en inglés. Su función es transformar una oración afirmativa en una pregunta o una negación.

Do y **does** se colocan siempre delante del pronombre personal. El auxiliar **do** lo usaremos con los pronombres **I, you, we** y **they**. Veamos varios ejemplos de cómo se usa el auxiliar **do**:

Do you speak English?

¿Hablas inglés?

Do they live here?

¿Viven aquí?

Do you understand Spanish?

¿Entiendes español?

El auxiliar **does** lo usaremos con los pronombres **he, she** e **it**. Veamos varios ejemplos de cómo se usa el auxiliar **does**:

Does she speak English?

¿Habla ella inglés?

Does he live here?

¿Vive él aquí?

Does she understand Spanish?

¿Entiende ella español?

Practiquemos ahora con el siguiente ejercicio. Transforma las siguientes oraciones afirmativas en preguntas, usando los auxiliares **do** y **does** según corresponda:

1) They live here

2) She understands

3) You speak Spanish

4) He lives here

5) They understand Spanish

Key: 1. Do they live here? 2. Does she understand? 3. Do you speak Spanish? 4. Does he live here? 5. Do they understand Spanish?

El presente simple en oraciones negativas

Ya hemos visto cómo usar el tiempo del presente simple en oraciones afirmativas e interrogativas.
Ahora aprenderemos a usar el presente simple cuando queremos expresar oraciones negativas.

Ahora veamos el uso del auxiliar **does not**. **Does not** se contrae y forma **doesn't**. Siempre lo usarás así cuando hablas. Fíjate en estas frases de ejemplo. Como antes, primero las usaremos en afirmativo y después las usaremos en negativo:

Para hacer oraciones negativas con el presente simple, también se usan los auxiliares **do** y **does** pero, en este caso, seguidos de **not**.

Veamos primero el uso del auxiliar **do not**. **Do not** se contrae y forma **don't**. Así lo usarás especialmente cuando hablas. Fíjate en estas frases de ejemplo. Primero las usaremos en afirmativo y después las usaremos en negativo:

We speak Spanish
Nosotros hablamos español

We don't speak Spanish
Nosotros no hablamos español

I live / Yo vivo

I don't live / Yo no vivo

You understand
Tú entiendes

You don't understand
Tú no entiendes

She speaks Spanish
Ella habla español

She doesn't speak Spanish
Ella no habla español

He lives here / El vive aquí

He doesn't live here
El no vive aqui

She understands / Ella entiende

She doesn't understand
Ella no entiende

Practiquemos ahora con el siguiente ejercicio. Transforma las siguientes oraciones afirmativas en negativas, usando los auxiliares **does** y **doesn't** según corresponda:

1) We speak Spanish_____
2) I understand_____
3) He lives here_____
4) She understands_____
5) They live here_____

Key: 1. We don't speak Spanish 2. I don't understand 3. He doesn't live here 4. She doesn't understand 5. They don't live here

Cómo hacer preguntas

Cuando quieras hacer preguntas en inglés, por ejemplo cuando preguntas por información, muy frecuentemente usarás alguna o algunas de las siguientes palabras interrogativas:

What / qué o cuál
Who / quién
When / cuándo
How / cómo
Where / dónde
Which / cuál
Whose / de quién

En cambio, cuando usemos la palabra interrogativa **which**, el verbo **to be** después de **which** no lo contraeremos:

¿Cuál es tu auto?
Which is your car?

Estas palabras interrogativas siempre se colocan antes del verbo igual que en español. Ahora bien, cuando el verbo **to be** se usa después de estas palabras interrogativas, entonces lo usamos en su forma contraída. Para hacerlo más sencillo, repasemos juntos estos ejemplos:

¿Cuál es tu nombre?
What's your name?

¿Quién es esa chica?
Who's that girl?

¿Cuándo es tu cumpleaños?
When's your birthday?

¿Cómo está tu madre?
How's your mother?

¿Dónde está el llavero?
Where's the key chain?

Practiquemos ahora con el siguiente ejercicio.
Haz preguntas usando las palabras que se mencionan, como en el ejemplo:

Where/my car
Where's my car?

1) When/your birthday
_____
2) What/ your name
_____
3) Which / your car
_____
4) How/your brother
_____
5) Where/your car
_____

Key: 1. When's your birthday? 2. What's your name? 3. Which is your car? 4. How's your brother? 5. Where's your car?

LA VIDA EN LOS ESTADOS UNIDOS

La puntualidad en Estados Unidos

Los americanos viven pendientes del reloj, y por lo rápido que se vive en este país, desde primera hora del día todas las actividades están programadas al minuto. Es por eso que deberás tenerlo en cuenta si quieres relacionarte bien con ellos, sea socialmente o por trabajo.

No llegues tarde a tus citas porque es considerado una falta muy grave de respeto. O de profesionalidad si es por trabajo.

Tampoco aparezcas en las casas de tus amigos y conocidos americanos, o en las oficinas si es por trabajo, sin avisar. No está bien visto y siempre procura acudir a todos los lugares habiendo avisado antes que vas para encontrarte con ellos.

Asi que, ¡a ser puntual!

LA VIDA EN LOS ESTADOS UNIDOS

El deporte profesional en Estados Unidos

Estados Unidos es un país donde la gente no tiene hábito de hacer mucho deporte. Pero sin embargo sí hay un gran interés por seguir espectáculos deportivos. Los tres deportes con más seguidores en el país son: baseball, futbol americano y basketball.

La temporada de baseball coincide con el buen tiempo. Dura 162 partidos que arrancan a principios de Abril y terminan con las World Series o Series Mundiales a mediados o finales de Octubre, al mejor de siete juegos.

El futbol americano, o simplemente Football, es un deporte de invierno, que empieza en otoño y termina a finales de Enero con la SuperBowl, el evento más seguido por TV en Estados Unidos.

El basketball es el deporte más practicado en las calles y colegios de Estados Unidos y su versión profesional, la NBA, despierta pasiones en todo el mundo. Es un deporte de invierno que concluye con los play-offs, que se disputan en Abril y Mayo y duran alrededor de 40 días. La final, entre el ganador de la Conferencia Oeste y el ganador de la Conferencia Este, se juega al mejor de siete partidos.

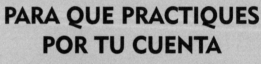

PARA QUE PRACTIQUES POR TU CUENTA
sin pagar un centavo

Te recomendamos hacerte con una libreta o cuaderno donde anotes todas las palabras y expresiones que aprendas siguiendo los trucos de aprendizaje que te mostramos en esta sección. Anota todo lo que te llama la atención y escribe también su significado. Repasar frecuentemente tus notas te ayudará a memorizar el inglés que irás aprendiendo por tí mismo. Es una forma entretenida y muy efectiva para aprender inglés sin pagar un centavo por ello. ¡Aprovéchalo!

La lista de la compra, ¡en inglés!

Una manera de practicar tu inglés es anotar **en inglés** la lista de tu compra para el supermercado. Por ejemplo, en lugar de escribir manzana escribe «**apple**» o en lugar de naranja, «**orange**». Sin darte cuenta, empezarás a acostumbrarte no sólo a referirte a los alimentos en inglés sino también a escribirlos correctamente. Para esto, compara cómo lo has anotado en tu lista y como está escrito en el supermercado, al hacer la compra. Así, ¡ni siquiera has de consultarlo en el diccionario!. Si te has equivocado, fíjate en tu error y corrígelo para que te ayude a mejorar tu ingles.

PARA QUE PRACTIQUES POR TU CUENTA
sin pagar un centavo

Los videos de «fitness»

Uno de los trucos más divertidos para aprender inglés es el que te vamos a dar hoy. Alquila o compra un video de ejercicios físicos o fitness y escucha lo que dicen en él. Practica los ejercicios a medida que escuchas atentamente, y memoriza lo que van diciendo.

De este modo aprenderás no sólo las partes del cuerpo sino también cómo se dicen los ejercicios y los movimientos. ¡Y hasta te pondrás en forma!

También puedes aprender mucho vocabulario de deportes escuchando las transmisiones deportivas. Acuérdate de ir anotando en una libreta todas las palabras que vas aprendiendo, para repasarlas luego en cualquier lugar, cuando tengas un rato para repasar tus anotaciones.

EJERCICIOS

A Escribe en inglés cómo dirías las siguientes expresiones:

1. Qué es esto?

_____

2. Esta comida es buena

_____

3. Aquella comida es buena

_____

4. Estos son mis libros

_____

5. Aquellos son mis libros

_____

6. Me levanto a las 6:00 a.m.

_____

7. ¿Viven ellos aquí?

_____

8. ¿Entiende ella español?

_____

9. Ella no trabaja aquí

_____

10. ¿Quién es esa chica?

_____

Key: 1) What's this? : 2) This food is good : 3) That food is good : 4) These are my books :
5) Those are my books : 6) I get up at 6:00 a.m. : 7) Do they live here? : 8) Does she
understand Spanish? : 9) She doesn't work here : 10) Who's that girl?

EJERCICIOS

B Escribe en inglés:

1. Qué?

4. Cómo?

7. Cocinar

2. Quién?

5. De quién?

8. Hablar

3. Cuándo?

6. Aquellos

Key: 1) Cold ; 2) Hot ; 3) Rainy ; 4) Warm ; 5) Sunny ; 6) Cool ; 7) Humid ; 8) Showers

C Usa el auxiliar **do, does, don't** o **doesn't** según corresponda
Ejemplo: **Hablas inglés?** sería *Do you speak English?*.

1) Vives aquí?

2) Ella no trabaja aquí

3) Nosotros no cocinamos

4) ¿Entienden ellos español?

5) ¿Cocina ella pasta?

6) Yo no trabajo durante los fines de semana

Key: 1) Do you live here? ; 2) She doesn't work here ; 3) We don't cook ; 4) Do they understand Spanish? ; 5) Does she cook pasta? ; 6) I don't work on weekends

APUNTES

CAPITULO

· 4 ·

SUMARIO

Los pronombres posesivos

Para preguntar en qué
trabaja una persona

El orden de las palabras
en las oraciones interrogativas

Los números en inglés

El alfabeto en inglés

El presente continuo

La vida en los Estados Unidos

Para que practiques por
tu cuenta sin pagar un centavo

Ejercicios

Apuntes

Los pronombres posesivos

Las pronombres posesivos son palabras que indican posesión, es decir, que algo es de alguien o algo.

Vamos a aprender cómo se usan los pronombres posesivos en inglés:

My / mi

Your / tu

His / su (de èl)

Her / su (de ella)

Its / su (de ello)

Our / nuestro

Your / su (de ustedes)

Their / su (de ellos)

Aprendamos cómo usar los pronombres posesivos en los siguientes ejemplos:

My car

mi auto

Your apartment

tu apartamento

His girlfriend

su novia (de èl)

Her house

su casa (de ella)

Its population

su población (de la ciudad, por ej.)

Our family

nuestra familia

Your happiness

su felicidad (de ustedes)

Their daily routines

sus rutinas diarias

Para practicar lo aprendido, nada mejor que un ejercicio de autocorrección. Escribe las siguientes frases en inglés:

1) Este es mi auto

2) Aquel es nuestro avión

3) ¿Cuál es su amigo?

4) Aquel es su novio (de ella)

5) ¿Cuál es su nombre? (de él)

Key: 1. This is my car 2. That's our plane 3. Which is your friend? 4. That's her boyfriend 5. What's his name?

Para preguntar en qué trabaja una persona

Ahora aprenderemos cómo preguntarle a una persona a qué se dedica, en qué trabaja. Las palabras que se usan más frecuentemente en el inglés americano son:

What do you do?
¿Qué haces?

What's your job?
¿Cuál es tu trabajo?

Si te hacen esas preguntas, lo más normal es que respondas con expresiones del tipo a los ejemplos que te ponemos a continuación, usando **I'm a, I work as** o **I work for**:

I'm a cook
Soy cocinero

I'm a nurse
Soy enfermera

I'm a teacher
Soy maestra

I work as a construction worker
Trabajo como trabajador de la construcción

I work as a waiter
Trabajo como camarero

I work as a receptionist
Trabajo como recepcionista

I work for McDonalds
Trabajo en McDonalds

I work for American Airlines
Trabajo en American Airlines

El siguiente ejercicio te ayudará a fijar lo aprendido. Escribe en inglés las siguientes expresiones referentes a los trabajos:

1) ¿Qué haces?

2) ¿Cuál es tu trabajo?

3) Soy enfermera

4) Trabajo como camarero

5) Trabajo en American Airlines

Key: 1. What do you do? 2. What's your job? 3. I'm a nurse 4. I work as a waiter 5. I work for American Airlines

El orden de las palabras en las frases interrogativas

¿Dónde colocar *do* y *does* en las frases interrogativas? Esto es lo que aprenderemos ahora: cómo colocar cada palabra en su lugar y orden correcto cuando estamos formulando preguntas en inglés.

Aprovecharemos para enriquecer nuestro vocabulario incorporando cuatro nuevos verbos de los que más se usan en el inglés americano. Los cuatro verbos de hoy son:

Think / pensar
Go / ir
Prefer / preferir
Feel / sentir

Practica con las siguientes frases de ejemplo:

Where do you live?
¿Dónde vives?

When do you work?
¿Cuándo trabajas?

Which do you prefer?
¿Cuál prefieres?

How do you feel?
¿Cómo te sientes?

What do you study?
¿Qué estudias?

Cuando formulemos preguntas con palabras interrogativas, los auxiliares **do** o **does** se colocan después de **where**, **what** o cualquier otra palabra interrogativa que vayamos a utilizar. Veámoslo más concretamente en los siguientes ejemplos:

Where do you study?

What does she study?

En el siguiente ejercicio podrás asentar lo aprendido. Escribe en inglés las siguientes preguntas en inglés:

1) ¿Cuál prefieres?

2) ¿Dónde vives?

3) ¿Cuándo trabajas?

4) ¿Cómo te sientes?

5) ¿Qué piensas?

Key: 1. Which do you prefer? 2. Where do you live? 3. When do you work? 4. How do you feel? 5. What do you think?

Los números en inglés

Vamos a aprender ahora los números en inglés.

Conozcamos ahora los números del 11 al 20. En inglés se dicen así:

11	Eleven
12	Twelve
13	Thirteen
14	Fourteen
15	Fifteen
16	Sixteen
17	Seventeen
18	Eighteen
19	Nineteen
20	Twenty

Empecemos por los números del 0 al 10. Estos números se dicen así en inglés:

0	Zero
1	One
2	Two
3	Three
4	Four
5	Five
6	Six
7	Seven
8	Eight
9	Nine
10	Ten

IDEA

Busca palabras que puedan ayudarte a recordar cómo se dicen los números. Por ejemplo, (**two**) dos manos; (**five**) cinco dedos ; (**one**) una boca; (**seven**) siete días de la semana, etc.

Practica los números anotando al lado de cada número cómo se dice en inglés cada uno de los números del siguiente ejercicio:

Once_____
Doce_____
Trece_____
Catorce_____
Quince_____
Dieciséis_____
Diecisiete_____
Dieciocho_____
Diecinueve_____
Veinte_____

Los números en inglés

Ahora pasemos a los números del 21 al 100. En inglés se dicen así: cuando quieres decir números compuestos, por ejemplo 24, 32 o 56, unes el primer número al segundo. Así, si quieres decir 24 dirás twenty (veinte) four (cuatro).

21	Twenty-one
22	Twenty-two
23	Twenty-three
24	Twenty-four
25	Twenty-five
26	Twenty-six
27	Twenty-seven
28	Twenty-eight
29	Twenty-nine

Los números del 30 al 100 se dicen así:

30	Thirty
40	Forty
50	Fifty
60	Sixty
70	Seventy
80	Eighty
90	Ninety
100	One hundred

(también se dice a hundred)

RECUERDA

Si tienes que decir ciento tres, dices one hundred (cien) three (tres), o también, one hundred and three.

Ahora practica decir los números que has aprendido:

1) Veinte_____
2) Treinta_____
3) Cuarenta_____
4) Cincuenta_____
5) Sesenta_____
6) Setenta_____
7) Ochenta_____
8) Noventa_____
9) Cien_____
10) Veintiuno_____
11) Treinta y dos
12) Cuarenta y tres
13) Cincuenta y cuatro
14) Sesenta y cinco
15) Setenta y seis
16) Ochenta y siete
17) Noventa y ocho
18) Ciento nueve

Key: 1. Twenty 2. Thirty 3. Forty 4. Fifty 5. Sixty 6. Seventy 7. Eighty 8. Ninety 9. One hundred 10. Twenty-one 11. Thirty-two 12. Forty-three 13. Fifty-four 14. Sixty-five 15. Seventy-six 16. Seventy-six 17. Ninety-eight 18. One hundred nine. También, one hundred and nine.

El alfabeto en inglés

Vamos a aprender cómo se dicen en inglés las letras del alfabeto.

Saber cómo se dicen las letras en inglés es muy importante, puesto que en muchas ocasiones te verás obligado a preguntar cómo se deletrea una palabra que no entiendes (por ejemplo, un nombre o apellido, una calle, una ciudad, etc.) o alguien te pedirá a ti que deletrees tú algo que el otro no entiende.

Para que te sea más fácil poder recordar cómo se dicen las vocales y consonantes, hemos relacionado las letras con una palabra que empieza con el sonido con que se pronuncian.

Letra	Pronunciación	Palabra que empieza con el sonido que se pronuncia la letra	Letra	Pronunciación	Palabra que empieza con el sonido que se pronuncia la letra
a	ei	Angel	o	óu	open
b	bi:	bee	p	pi:	Peter
c	si:	cinema	q	kiú	cute
d	di:	daddy	r	a:r	artist
e	i:	e-mail	s	es	standar
f	ef	efficiency	t	ti:	tender
g	shi:	general	u	yu:	unification
i	ái	idea	v	vi:	Virginia
j	shei	July	x	eks	excellent
l	el	lullaby	y	wái	why
m	em	empty	z	zi:	zebra
n	en	NBA			

En la lista anterior, no hemos incluído las siguientes letras (h – w) ya que no hay palabras que empiecen con los sonidos que se pronuncian.

h	se dice [éich]
w	se dice [dábliu]

El presente continuo

Vamos a aprender ahora cómo se usa el *presente continuo*.

¿Qué es el presente continuo? Cuando quieres expresar algo que está ocurriendo en este mismo momento que estás hablando usas un tiempo verbal que se llama presente continuo. Veamos un ejemplo:

I am studying English

Estoy estudiando inglés

Vamos a aprovechar para practicar con el presente continuo a la vez que aprendemos tres nuevos verbos de los que más frecuentemente se usan cuando se habla en inglés:

Study / estudiar
Drive / manejar, conducir
Listen / escuchar

Veamos ahora cómo expresar lo que está sucediendo en el momento en que estás hablando. Vamos a usar, como vimos, el tiempo verbal conocido como presente continuo. Nada mejor que unos ejemplos para ver su uso:

I am studying hard

estoy estudiando duro

Esta oración describe lo que estás haciendo en este preciso momento. El presente continuo se forma con el verbo **to be** junto con otro verbo al que le agregarás las letras **-ing** al final.

I'm listening / estoy escuchando
I'm driving / estoy manejando
I'm studying / estoy estudiando

El tiempo verbal del presente continuo responde a una pregunta, como hemos visto en todos los ejemplos que hemos visto:

What are you doing?

¿Qué estás haciendo?

Realiza el siguiente ejercicio: forma una frase usando el presente continuo respondiendo a la pregunta **What are you doing?** y usando el verbo que aparece entre paréntesis. Fíjate en el siguiente ejemplo:

What are you doing? (drive)
Tu respuesta será **I'm driving**

1) What are you doing? (study)

2) What are you doing? (listen)

3) What are you doing? (drive)

Key: 1. I'm studying 2. I'm listening 3. I'm driving

LA VIDA EN LOS ESTADOS UNIDOS

El sistema escolar de Estados Unidos

El sistema escolar en Estados Unidos no es único y nacional para todo el país, sino que varía de estado a estado, pues son los Estados los que lo regulan. No obstante, varía poco y básicamente se divide en:

Pre-school:
para niños con edad menor a kindergarden (menos de 5 años)

Kindergarden:
en las escuelas públicas es medio día únicamente

Elementary School (Grade School):
grados 1 a 6 (de 6 a 12 años)

Middle School:
grados 7 y 8 (13 a 14 años)

High School:
grados 9 a 12 (de 15 a 18 años)

La escuela pública es gratuíta y obligatoria hasta los 16 años.

LA VIDA EN LOS ESTADOS UNIDOS

Los días feriados en Estados Unidos

Los Estados Unidos no tienen fiestas oficiales dictadas por el Gobierno federal. Son los estados y las empresas quienes tienen el derecho de elegir sus días de fiesta. No obstante, se siguen en casi todos los casos las propuestas por el Gobierno:

1 de Enero
Año Nuevo

Tercer lunes de Enero
Día de Martin Luther King

Tercer lunes de Febrero
Día de los Presidentes

Cuarto lunes de Mayo
Memorial Day, conmemora a los muertos en guerras

4 de Julio
Día de la Independencia

Primer lunes Septiembre
Día del Trabajo

Segundo lunes Octubre
Día de Cristobal Colon

11 de Noviembre
Día de los Veteranos de Guerra

Cuarto Jueves Noviembre
Día de Accion de Gracias o
Thanksgiving

25 de Diciembre
Navidad, el único feriado religioso del año

Thanksgiving es una festividad tan importante que en otro capítulo hablaremos de ella

Adicionalmente a estos feriados, hay otros de carácter estatal o local que también se celebran.

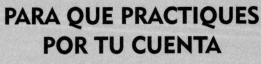

PARA QUE PRACTIQUES POR TU CUENTA
sin pagar un centavo

Te recomendamos hacerte con una libreta o cuaderno donde anotes todas las palabras y expresiones que aprendas siguiendo los trucos de aprendizaje que te mostramos en esta sección. Anota todo lo que te llama la atención y escribe también su significado. Repasar frecuentemente tus notas te ayudará a memorizar el inglés que irás aprendiendo por tí mismo. Es una forma entretenida y muy efectiva para aprender inglés sin pagar un centavo por ello. ¡Aprovéchalo!

Los *Clasificados* del periódico

Una manera muy rápida para aprender cómo se dicen las profesiones y las posiciones de trabajo en las empresas es fijarte en los anuncios clasificados de empleo de los diarios.
Allí verás cómo llaman a cada actividad y empleo, a la vez que una breve descripción de lo que se pide para ese puesto.

Si no conoces la palabra o no consigues entender a qué se refiere, búscala en el diccionario y memorízala. De este modo, aprenderás un montón de vocabulario referido a las profesiones y actividades laborales.

PARA QUE PRACTIQUES POR TU CUENTA
sin pagar un centavo

Los diccionarios

Es bien efectivo llevar siempre contigo un diccionario. En tu día a día, cuando descubras una palabra nueva, podrás consultarla.

Puedes comenzar con un diccionario inglés-español y cuando desarrolles más el idioma puedes usar un diccionario escrito en inglés solamente. Es la mejor manera de entender el significado de una palabra.

Y si puedes, anota todas las palabras nuevas que aprendas en una libreta. Llévala siempre contigo, junto con el diccionario, y cuando tengas un momento libre, repasa esas palabras que anotaste para comprobar que recuerdas sus significados.

EJERCICIOS

A Escribe en inglés cómo dirías las siguientes expresiones:

1. Ana es maestra

2. Linda trabaja para McDonald's

3. Aquel es nuestro avión

4. ¿Cuál es su nombre?

5. ¿Cuándo trabajas?

6. ¿Cómo te sientes?

7. ¿Qué estudias?

8. Estoy manejando mi auto

9. ¿Dónde vive Antonio?

10. Trabajo como mozo (mesero)

Key: 1) Ana is a teacher ; 2) Linda works for McDonald's ; 3) That's our plane ; 4) What's your name? ; 5) When do you work? ; 6) How do you feel? ; 7) What do you study? ; 8) I'm driving my car ; 9) Where does Antonio live? ; 10) I work as a waiter

EJERCICIOS

B Escribe en inglés:

1. Preferir	4. Dieciséis	7. Escuchar
_____	_____	_____
2. Sentir	5. Veintiocho	8. Manejar, conducir
_____	_____	_____
3. Noventa	6. Setenta y seis	
_____	_____	

Key: 1) Prefer ; 2) Feel ; 3) Ninety ; 4) Sixteen ; 5) Twenty-eight ; 6) Seventy-six ; 7) Listen ; 8) Drive

C Escribe usando los pronombres posesivos de forma adecuada. Ejemplo: **Su casa (de Peter)** sería *His house*.

1) El apartamento (tuyo)

_____

2) El auto (de Elena)

_____

3) El libro (de ellos)

_____

4) La familia (de ustedes)

_____

5) Las rutinas diarias (nuestras)

_____

6) La novia (mía)

_____

Key: 1) Your apartment ; 2) Her car ; 3) Their book ; 4) Your family ; 5) Our daily routines ; 6) My girlfriend

APUNTES

CAPITULO
· 5 ·

· CAPITULO 5 ·

SUMARIO

El verbo to can

Vamos a aprender un verbo muy importante en inglés: el verbo *to can*, que significa *poder*. Este verbo lo usaremos mucho porque también cumple la función de verbo auxiliar.

RECUERDA

Así, cuando quieres describir una habilidad que tú u otra persona tiene, usarás el auxiliar **to can**, que como ya sabemos quiere decir *poder, ser capaz de*.

Veamos unos sencillos ejemplos de cómo se usa el verbo **to can**.

I can speak Spanish
yo puedo hablar español

He can walk fast
él puede caminar rápido

She can drive a sports car
ella puede manejar un auto deportivo

We can pass this exam
nosotros podemos pasar este examen

Veamos estos sencillos ejemplos del auxiliar **to can** en oraciones negativas:

I can't speak Japanese
yo no puedo hablar japonés

He can't play baseball
él no puede jugar baseball

She can't drive a truck
ella no puede manejar un camión

We can't copy in the exam
nosotros no podemos copiar en el examen

Por último, si queremos hacer preguntas con el auxiliar **to can**, colocaremos el auxiliar al principio de la oración, como vemos en los siguientes ejemplos:

Can you speak Italian?
¿Puedes hablar italiano?

Can he play soccer?
¿Puede él jugar al futbol?

Can she drive motorbikes?
¿Puede ella manejar motos?

RECUERDA

El verbo auxiliar **to can** también se usa mucho en negativo. En este caso, es para expresar que *no eres capaz*, *no sabes* o *no puedes hacer algo*.

Los días de la semana

Vamos a aprender los días de la semana en inglés, que es algo que te podrás imaginar que vas a usar muy a menudo cuando hables en inglés, como lo harías con cualquier otro idioma.

Los días de la semana se dicen así en inglés:

Days of the week
días de la semana

Monday / lunes
Tuesday / martes
Wednesday / miércoles
Thursday / jueves
Friday / viernes
Saturday / sábado
Sunday / domingo

Como ves, no es muy difícil. Sólo hay que fijarse con los martes y los jueves (**Tuesdays** y **Thursdays**), pues seguramente te confundirás al ser muy parecidos. Un truco para acordarse es que el que tiene más letras (**Thursday**, con ocho letras) es el más avanzado en la semana.

Tuesday   7 letras
martes (va antes en la semana que el jueves)

Thursday   8 letras
jueves (va después en la semana que el martes)

Otra dificultad que te puedes llegar a encontrar es cuando pronuncies **Wednesday** (miércoles). Fíjate cómo se pronuncia correctamente:

Wednesday (wénzdei)
la «d» no se pronuncia.

El final de semana se dice en inglés **the weekend**

Y, por último, habrás de acordarte de usar la preposición **on** antes de cada día de la semana. Se ve muy claro en los sencillos ejemplos que te hemos preparado:

On Monday
el lunes
I arrive on Monday
llego el lunes

On Fridays
los viernes
We go out on Fridays
salimos los viernes
(usas el plural porque lo haces todos los viernes)

On Thursday morning
el domingo a la mañana
He comes on Thursday morning
él llega el jueves a la mañana

Los meses del año

Aprendamos ahora los meses del año en inglés. Los meses se dicen *months*.

Months	meses
January	enero
February	febrero
March	marzo
April	abril
May	mayo
June	junio
July	julio
August	agosto
September	septiembre
October	octubre
November	noviembre
December	diciembre

Cuando te refieras a los meses, usarás la preposición **in**. Veamos los siguientes ejemplos:

School starts in August
la escuela empieza en agosto

Christmas is in December
Navidad es en diciembre

Thanksgiving is in November
el Día de Acción de Gracias es en noviembre

Aprendamos también las estaciones del año, que en inglés se dicen **seasons**.

The seasons	las estaciones
Spring	primavera
Summer	verano
Autumn	otoño
Winter	invierno

Para que practiques los meses y estaciones del año, te hemos preparado este sencillo ejercicio.

No olvides de incluir la preposición **in** cuando te refieras a los meses.

1) When does spring start?

_____

2) When does winter start?

_____

3) When does fall start?

_____

4) When does summer start

_____

Key: 1. In March 2. In December 3. In September 4. In June

El verbo to have

Otro auxiliar muy importante y que vamos a usar muchísimo es el verbo *to have*.

El verbo **to have** quiere decir en español *tener*, cuando se usa en presente.

I have a car / yo tengo un auto

You have a book
tú tienes un libro

He has a brother
él tiene un hermano

She has a daughter
ella tiene una hija

It has a ball
(el perro) tiene una pelota

We have a house
nosotros tenemos una casa

You have a nationality
ustedes tienen una nacionalidad

They have a work
ellos tienen un trabajo

Cuando hemos de utilizar el verbo **to have** en frases negativas, le pondremos delante los auxiliares **don't** o **doesn't** según sea el caso.

I don't have a book
yo no tengo un libro

You don't have a car
tú no tienes un car

He doesn't have a sister
él no tiene una hermana

She doesn't have a son
ella no tiene un hijo

It doesn't have a toy
(el perro) no tiene un juguete

We don't have a dog
nosotros no tenemos un perro

You don't have an airline
ustedes no tienen una aerolinea

They don't have a house
ellos no tienen una casa

Practiquemos ahora con el siguiente ejercicio, en el que deberás poner el verbo **to have** en afirmativo o negativo según sea el caso.

1) Yo no tengo un apartamento

2) Tú tienes una familia

3) Ellos tienen una idea

4) Ella no tiene un gato

5) Nosotros tenemos un maestro

Key: 1. I don't have an apartment 2. You have a family 3. They have an idea 4. She doesn't have a cat 5. We have a teacher

Formulando preguntas con el verbo to have

Aprendamos ahora cómo formular preguntas con el verbo **to have**. Para hacer preguntas con el verbo **to have**, recurriremos igualmente a los auxiliares **do** y **does**.

Do I have a cellphone?
¿Tengo yo un celular?

Does it have an owner?
¿Tiene (el perro) un dueño?

Do you have a pet
¿Tienes tú un animal de compañía?

Do we have a class tomorrow?
¿Tenemos nosotros clase mañana?

Does he have a family?
¿Tiene él una familia?

Do you have an appointment?
¿Tienen ustedes una cita?

Does she have a computer?
¿Tiene ella una computadora?

Do they have a library?
¿Tienen ellos una biblioteca?

Cuando contestemos a preguntas del tipo a las que hemos visto ahora, podremos contestar con respuestas cortas, por sí o por no, usando también los auxiliares **do** y **does**.

Do you have a sister?
¿Tienes una hermana?
Yes, I do / Sí, la tengo

Does he have a car?
¿Tiene él un carro?
Yes, he does / Sí, tiene

Do they have a pool?
¿Tienen ellos una alberca (o pileta)?
No, they don't / No, no tienen

Para que practiques el uso de las preguntas y respuestas con el verbo **to have**, te hemos preparado este sencillo ejercicio.

Pregúntale a un amigo...

1) si tiene una hermana
2) si tiene un auto
3) si tiene un trabajo

Completa el ejercicio respondiendo con las respuestas cortas que hemos aprendido:

4) Does he have a sister? (No)
5) Does she have a car? (Yes)
6) Do you have a minute? (No)

Key 1. Do you have a sister? 2. Do you have a car? 3. Do you have a job? 4. No, he doesn't 5. Yes, she does 6. No, I don't

El lenguaje cortés

Empecemos por este diálogo que bien podría ocurrir cualquier día que unos amigos te inviten a cenar a su casa.

Aprendamos el lenguaje educado que usaremos en las situaciones más formales y que requieran un mayor cuidado con las formas.

Cuando llegas a su puerta y te invitan a pasar, te podrán decir alguna de estas frases, entre otras:

Come in, please

Please, come on in

Entren por favor

Luego te pedirán que les des tu abrigo o tu cartera:

Can I take your coats?

¿Pueden darme sus abrigos?

Let me take your purse

Permíteme tu cartera

Y pueden invitarte a sentarte:

Please, have a seat

Please, take a seat

Please, sit down

Por favor, siéntense

Si te ofrecen servirte tú mismo la comida te podrán decir:

Help yourself

Sírvete

Help yourselves

Sírvanse (si son varias personas)

Y antes de comenzar la comida, es muy frecuente escuchar:

Enjoy your meal!

¡Que disfrutes tu comida!

Bon appetit!

¡Buen provecho!

El lenguaje cortés

Imagina que ahora ya te encuentras cenando con tus amigos, y uno de ellos te pide que le alcances algo que está sobre la mesa.

Could you pass me the bread?

¿Podrías pasarme el pan?

Al entregar lo que te pidieron, puedes decir alguna de estas cuatro frases, que significan aquí tienes.

Here you are

Here you go

There you are

There you go

Practica con los siguientes ejemplos y a la vez presta atención a la manera formal de pedir algo a alguien:

Could you pass me the salad?

¿Puedes pasarme la ensalada?

Here you are

Aquí tienes

Could you pass me the wine?

¿Puedes pasarme el vino?

There you are

Aquí tienes

Could you pass me the napkins?

¿Puedes pasarme las servilletas?

Here you go

Aquí tienes

Could you pass me the cheese?

¿Puedes pasarme el queso?

There you go

Aquí tienes

Practica a continuación con este sencillo ejercicio que te servirá para practicar las conversaciones formales cuando entregas algo que te ha pedido alguien. Lo que debes hacer es responder a estos pedidos. Cualquier opción que elijas es correcta.

1) Could you pass me the napkins?

_____

2) Could you pass me the salad?

_____

3) Could you pass me the water?

_____

4) Could you pass me the salt?

_____

Key: 1. There you go 2.Here you are 3. There you go 4. Here you are. Cualquier otra opción que hayas elegido también es correcta.

LA VIDA EN LOS ESTADOS UNIDOS

La tolerancia del americano con los acentos extranjeros

Si no puedes pronunciar muy bien una palabra en inglés, no importa, los estadounidenses lo aceptan y no son ofendidos por tu acento latino.

Por lo tanto, no tengas vergüenza de lanzarte a hablar inglés porque en los EEUU no es como en otros países donde no se acepta que las personas extranjeras no pronuncien bien su idioma.

Esto se da porque Estados Unidos es un país de inmigrantes en donde se tiene tolerancia con todos los acentos y formas de pronunciar.

¡Aprovecha esto y ponte a hablar sin complejos!

LA VIDA EN LOS ESTADOS UNIDOS

La celebración de Halloween

Halloween es una celebración típicamente americana. Se celebra el 31 de Octubre.

Los niños se disfrazan y se dirigen a las casas de los vecinos a pedir dulces.

Cada vez que llegan a una casa gritan «**trick or treate** (*trit*)» Muchas casas son decoradas con esqueletos, tumbas, calabazas, etc.

Este día fue creado porque en el pasado, el día 31 de Octubre las brujas y los espíritus les hacían bromas a los humanos.

Cuando se acercaba un espíritu malo o una bruja las personas hacían hogueras de advertencia y les ofrecían comida y caramelos, como también se disfrazaban de espíritus para que el mal no los reconociera.

PARA QUE PRACTIQUES POR TU CUENTA
sin pagar un centavo

Te recomendamos hacerte con una libreta o cuaderno donde anotes todas las palabras y expresiones que aprendas siguiendo los trucos de aprendizaje que te mostramos en esta sección. Anota todo lo que te llama la atención y escribe también su significado. Repasar frecuentemente tus notas te ayudará a memorizar el inglés que irás aprendiendo por tí mismo. Es una forma entretenida y muy efectiva para aprender inglés sin pagar un centavo por ello. ¡Aprovéchalo!

Ver los programas de cocina en la TV

Otra manera de enriquecer tu vocabulario sobre alimentos en inglés y practicarlo es ver en TV los programas de cocina, donde muestran cómo elaborar esos platos tan ricos.

Verás en la práctica no sólo cómo se llaman los alimentos que usan, sino que conocerás también los verbos que se usan al cocinar.

¡Sabroso!

PARA QUE PRACTIQUES POR TU CUENTA
sin pagar un centavo

Los teléfonos de atención al cliente

En Estados Unidos, dada la creciente importancia de los inmigrantes latinos, muchísimos teléfonos de atención al cliente tienen ya la opción de ser atendido en español. Esto te resultará mucho más cómodo, sin duda, pero te ayudará poco a practicar y mejorar tu inglés.

Para practicar el lenguaje telefónico, nada mejor que elegir la opción de idioma inglés. Al principio te costará un poco, pero no te lo tomes como un examen, sino que disfruta y practica. Además, los operadores telefónicos suelen estar acostumbrados a atender a personas con acento.

Seguramente, en tu entorno diario hablas casi siempre en español con las personas con las que te relacionas. ¡Así que aprovecha para practicar tu inglés con las operadoras telefónicas! Y es gratis…

EJERCICIOS

A Escribe en inglés cómo dirías las siguientes expresiones:

1. Yo puedo caminar rápido

2. Ella no puede manejar un camión

3. ¿Puede él manejar motos?

4. Llego el jueves por la mañana

5. Navidad es en Diciembre

6. Yo no tengo auto

7. Él no tiene casa

8. ¿Tiene ella computadora?

9. ¿Pueden darme sus abrigos?

10. ¿Me podría pasar el queso?

Key: 1) I can walk fast ; 2) She can't drive a truck ; 3) Can he drive motorbikes? ; 4) I arrive on Thursday morning ; 5) Christmas is in December ; 6) I don't have a car ; 7) He doesn't have a house ; 8) Does she have a computer? ; 9) Can I take your coats? ; 10) Could you pass me the cheese?

EJERCICIOS

B Escribe en inglés:

1. Miércoles

_____

2. Jueves

_____

3. Sábado

_____

4. Martes

_____

5. Enero

_____

6. Agosto

_____

7. Marzo

_____

8. Día de Acción de Gracias

_____

Key: 1) Wednesday ; 2) Thursday ; 3) Saturday ; 4) Tuesday ; 5) January ; 6) August ; 7) March ; 8) Thanksgiving

C Imagina que recibes a unos amigos en tu casa. Escribe en inglés cómo les dirías en cada una de las siguientes situaciones:

1) Invítalos a pasar

_____

2) Pídeles sus abrigos

_____

3) Permíteme tu cartera

_____

4) Invítalos a que se sirvan un aperitivo

_____

5) Deséales buen provecho

_____

Key: 1. Come in, please. O también, Please, come on in. 2. Let me take your coats. O también, Can I take your coats? 3. Let me have your purse 4. Help yourselves, please 5. Enjoy your meal! O también, Bon appetit!

APUNTES

CAPITULO

· 6 ·

SUMARIO

Expresiones para sugerir algo

Cómo se dice la hora

Los sustantivos en inglés

El plural de los sustantivos

Los artículos definidos

Los sustantivos incontables

La vida en los Estados Unidos

Para que practiques por
tu cuenta sin pagar un centavo

Ejercicios

Apuntes

Expresiones comunes para sugerir algo

Aprendamos cómo sugerir algo con una expresión que usarás muy a menudo en inglés. Se trata de la expresión *Let's* que es la contracción de *Let us*. Una expresión similar en español sería *Vamos a..?*

Cuando te hacen una sugerencia del tipo a las que hemos visto en esta página, algunas de las respuestas más frecuentemente usadas serían:

That's a good idea
Esa es una buena idea

Good idea!
¡Buena idea!

Veamos en los siguientes ejemplos cómo podemos usar la expresión **Let's**.

Let's meet on Sunday
Vamos a encontrarnos el domingo

Let's buy a car
Vamos a comprar un auto

Let's travel to Mexico
Vamos a viajar a Mexico

Estos de abajo serían unos diálogos muy comunes en inglés:

Why don't we go to a movie?
Good idea!

Why don't we go to a disco?
That's a good idea.

Una frase alternativa que puedes usar en inglés es **Why don't**, que quiere decir *¿Por qué no...?* Veámoslo en los sencillos ejemplos que estamos usando:

Why don't we meet on Sunday?
¿Por qué no nos encontramos el domingo?

Why don't we buy a car?
¿Por qué no nos compramos un auto?

Why don't we travel to Mexico?
¿Por qué no viajamos a Mexico?

Practiquemos a continuación con un sencillo ejercicio. Presta atención a la frase y haz una sugerencia primero usando **Let's** y luego **Why don't**.

(go to a movie)
1)_____
2)_____

(go out for dinner)
3)_____
4)_____

Key: 1. Let's go to a movie 2. Why don't we go to a movie? 3. Let's go out for dinner 4. Why don't we go out for dinner?

Cómo se dice la hora

Otra información a la que te referirás muy a menudo será la que tiene que ver con la hora. Ahora aprenderemos cómo decir la hora en inglés. Es muy sencillo, ya verás.

Para preguntar la hora, lo más habitual es usar esta pregunta:

What time is it?

¿Qué hora es?

Y para contestar diciendo la hora, has de saber antes que: La hora en punto se dice **o'clock**

Five o'clock

las cinco en punto

Twelve o'clock

las doce en punto

Eleven o'clock

las once en punto

Las medias horas se dicen de dos maneras:

Half past six   **Half past four**

seis y media   cuatro y media

Six thirty   **Four thirty**

seis treinta   cuatro treinta

En inglés se distingue entre antes del mediodía (**A.M.**) y después del mediodía (**P.M.**):

A.M. se usa entre medianoche y mediodía (madrugada y mañana)

P.M. se usa entre mediodía y medianoche (tarde y noche)

3:00 A.M.

son las tres de la madrugada

9:00 A.M.

son las nueve de la mañana

3:00 P.M.

son las tres de la tarde

9:00 P.M.

son las nueve de la noche

Practiquemos con este sencillo ejercicio. Escribe estas horas en inglés:

1. Las cinco en punto

_____

2. Las cinco y media

_____

3. La una en punto

_____

4. La una y media

_____

Key: 1) Five o'clock ; 2) Half past five or five thirty ; 3) One o'clock ; 4) Half past one or one thirty

Cómo se dice la hora

Sigamos aprendiendo cómo decir la hora.

Cinco y diez se diría indistintamente
ten past five
five ten
ten after five

Siete y viente se diría
twenty past seven
seven twenty
twenty after seven

Once y cinco se diría
Five past eleven
Eleven five
Five after eleven

Cuando decimos en español «*Menos...*» en inglés se dice **to**:

Nueve menos veinte se diría
Twenty to nine

Cinco menos diez se diría
Five to ten

Cuando decimos en español «*Y cuarto...*» en inglés se dice **a quarter after** o también, **a quarter past**:

Seis y cuarto se diría
A quarter after six
A quarter past six

Cuatro y cuarto se diría
A quarter after four
A quarter past four

Cuando decimos en español «*Menos cuarto...*» en inglés se dice **a quarter to**:

Una menos cuarto se diría
A quarter to one

Once menos cuarto se diría
A quarter to eleven

Por último, la hora también se puede decir mencionando la hora y los minutos, en ese orden:

Ocho y veinte	**Eight twenty**
Diez y treinta y cinco	**Ten thirty-five**
Nueve quince	**Nine fifteen**
Once y cuarenta y cinco	**Eleven forty-five**

Los sustantivos en inglés

¿Qué es un sustantivo?
Los *sustantivos* (también llamados nombres) son las palabras que usamos para nombrar personas, cosas o animales.

Los usamos todo el tiempo cuando hablamos. Por ejemplo:

Car / auto
City / ciudad
House / casa

Hay diferentes tipos de sustantivos. Los primeros que vamos a analizar son los **sustantivos propios**.
Son sustantivos propios los que usamos cuando nombramos una persona o un lugar específico. Así, por ejemplo:

Antonio   Thanksgiving

New York   Wednesday

Ahora bien, cuando la palabra del sustantivo empieza con vocal (**a e i o u**), debes agregarle una «n» y decir **an**:

An April / un Abril
An apartment / un apartamento
An idea / una idea

Son **sustantivos abstractos** los que usamos cuando nombramos conceptos abstractos, que no se pueden tocar, por ejemplo:

Happiness / felicidad
Idea / idea
Love / amor
Question / pregunta

Muchos sustantivos comunes y abstractos pueden ser usados en inglés con **a** o **an**, que quiere decir en español *un* o *una*:

A Wednesday / un miércoles
A dog / un perro
A memory / un recuerdo

Practiquemos lo aprendido con este sencillo ejercicio. Tienes que escribir las siguientes oraciones en inglés:

1) Yo tengo una idea
_____

2) Ella tiene una flor
_____

3) Él tiene un amigo
_____

4) Él vive en un apartamento
_____

Key: 1. I have an idea 2. She has a flower 3. He has a friend 4. He lives in an apartment

El plural de los sustantivos

¿Cómo se dicen los plurales de los sustantivos? Es algo que aprenderemos ahora. Puede hacerse de varias maneras, según sea el sustantivo.

Lo más común es que el plural de los sustantivos pueda formarse agregando una **-s**:

A car / Two cars

A house / Three houses

A book / Five books

Pero si el sustantivo termina en «*sh*», «*ch*», «*ss*» y «*x*», se agrega **-es**:

A dish / Five dishes

A match / Three matches

A glass / Two glasses

A box / Four boxes

Y cuando el sustantivo termina con «*y*» después de una consonante, para hacer el plural lo transformaremos en **-ies**:

A city / Two cities

A lady / Four ladies

Otro caso es si delante de la «*y*» hay una vocal. Entonces se agrega una **-s**:

A day / Two days

A boy / Five boys

Cuando el sustantivo termina en «*fe*» el plural se forma agregando **-ves**:

A knife / Two knives

A wife / Six wives

También puede ocurrir que algunos sustantivos cambien totalmente al formar el plural:

A man / Two men

One child / Five children

A person / Two people

A foot / Three feet

Y, por último, también puede ocurrir que otros sustantivos no cambien nunca:

One sheep / Two sheep

No te asustes si ahora puede parecer muy complicado. Poco a poco irás conociendo cómo formar los plurales de los nombres o sustantivos y te resultará sencillo saber cómo transformarlos en plural cuando sea necesario.

Los artículos definidos

Cuando estás hablando de algo o alguien que ya ha sido nombrado antes y está claro a quién o a qué te refieres, usas un *artículo definido*.

Cuando se trata de cosas únicas, que no hay otra más que esa, usaremos siempre **the** pues es algo que está claro a qué nos referimos:

The president of the USA
el presidente de los Estados Unidos

The earth / la tierra

The sun / el sol

The moon / la luna

The Bible / la Biblia

La palabra que se usa en inglés es **the**, que significa en español *el*, *los*, *la* y *las*. Veamos algunos ejemplos:

The car / el auto

The cars / los autos

The family / la familia

The families / las familias

Ahora veamos unos sencillos ejemplos que nos servirán para ver y comparar las diferencias entre **a** y **the**

Linda has a nice car
Linda tiene *un* lindo auto

She is driving the car
Ella *lo* está manejando ahora

Antonio lives in a house
Antonio vive en *una* casa

The house is big
La casa es grande

Practica ahora lo aprendido mediante el sencillo ejercicio que te hemos preparado. Escribe en inglés la traducción de la frase:

1) Tengo un jardín

2) El jardín es hermoso

3) El presidente de los EE. UU.

4) La capital de México

5) La luna y el sol

Key: 1. I have a garden 2. The garden is beautiful 3. The president of the U.S.A 4. The capital of Mexico 5. The moon and the sun

Los sustantivos incontables

¿Qué son los sustantivos incontables? Lo vas a saber enseguida: los *sustantivos incontables* no pueden ser contados con números. Pueden nombrar objetos concretos (como la mantequilla) o conceptos abstractos (como la felicidad), pero a diferencia de los sustantivos contables no los podrás contar con números.

Observa estos sencillos ejemplos de sustantivos incontables:

Weather
tiempo

Butter
mantequilla

Music
música

¿Verdad que no puedes decir **ten weathers, three butters** o **two musics**?

Por eso se les llama sustantivos incontables.

Otra característica de los sustantivos incontables es que no pueden usarse con **a** y **an**. No puedes decir **A butter, a weather, a music.**

Tampoco tienen plural, por tanto no podrás decir **butters, weathers, musics.**

Veamos ahora ejemplos de sustantivos incontables que nombran sustancias de diferente clase y conceptos abstractos. Veamos una rápida guía:

Líquidos:	**milk** (leche); **wine** (vino); **soup** (sopa); **coffee** (café); **water** (agua)
Sólidos:	**soap** (jabón); **cheese** (queso); **chicken** (pollo); **wood** (madera)
Gaseosos:	**smoke** (humo); **air** (aire)
Abstractos:	**happiness** (felicidad); **faith** (fe); **time** (tiempo); **honesty** (honestidad)

LA VIDA EN LOS ESTADOS UNIDOS

La importancia del seguro de automóvil

Si dispones de carro propio, todos los estados (salvo alguna excepción) te van a exigir tener un seguro vigente para tu carro, aunque sea el mínimo contra terceros. Es ilegal circular sin seguro de automóvil.

Pero además, si llegas a tener un accidente y no tienes seguro, no importa de quién fue la culpa, te tocará correr con todos los gastos del accidente, tanto del carro que chocaste como de las personas que pudieran precisar de atención médica. Y con lo caras que son las reparaciones y la atención médica, ¡mejor ten un seguro!.

LA VIDA EN LOS ESTADOS UNIDOS

Las leyes antidiscriminación de Estados Unidos

Existen leyes federales que prohíben la discriminación en el mundo laboral. Se llaman leyes de igualdad de oportunidades de empleo.

En Estados Unidos, no se puede hacer ningún tipo de discriminación sea por sexo, raza, religión o edad.

Si te sientes discriminado por raza, sexo, religión o edad no dudes en denunciarlo a las autoridades competentes. Te sugerimos consultar con un abogado antes de iniciar ningún proceso legal en Estados Unidos.

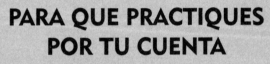

PARA QUE PRACTIQUES POR TU CUENTA
sin pagar un centavo

Te recomendamos hacerte con una libreta o cuaderno donde anotes todas las palabras y expresiones que aprendas siguiendo los trucos de aprendizaje que te mostramos en esta sección. Anota todo lo que te llama la atención y escribe también su significado. Repasar frecuentemente tus notas te ayudará a memorizar el inglés que irás aprendiendo por tí mismo. Es una forma entretenida y muy efectiva para aprender inglés sin pagar un centavo por ello. ¡Aprovéchalo!

Aprender a indicar cómo llegar a un lugar

Si tienes acceso a internet, una manera muy rápida para aprender cómo dar direcciones es entrar en cualquier sitio de internet que tenga el servicio de dar direcciones para llegar a un lugar.

Por ejemplo, Yahoo te ofrece este servicio cuando pides que te ubique una dirección. Si le escribes la dirección desde donde vas a salir a ese lugar, te da las instrucciones paso a paso de cómo llegar.

PARA QUE PRACTIQUES POR TU CUENTA
sin pagar un centavo

En cada instrucción, tienes un ejemplo buenísimo y muy práctico de cómo dar direcciones en inglés para llegar a un lugar.

Si no tienes internet, puedes acudir a cualquier oficina del AAA (American Automobile Association), donde si pides la misma información te la darán impresa en un papel junto al mapa del recorrido.

Los anuncios de compraventa de carros

Hay dos maneras muy prácticas de aprender el inglés que se usa con los carros. Uno es leer los avisos clasificados de los periódicos o revistas gratuitas de compraventa de carros. Aquí aprenderás muchas palabras que tienen que ver con lo esencial de los autos.

Pero si quieres tener un vocabulario más avanzado, consíguete una revista de carros o los folletos publicitarios que dan en los dealers o tiendas de autos nuevos y marca todas las palabras que quieres aprender. Toma tu libreta y anótalas, buscando en el diccionario su significado. Luego repasa esa lista de palabras y, en poco tiempo, habrás aprendido todo lo que desees saber.

EJERCICIOS

A Escribe en inglés cómo dirías las siguientes expresiones:

1. Vamos a encontranos el lunes por la mañana

_____

2. ¿Por qué no viajamos a Los Angeles?

_____

3. Esa es una buena idea

_____

4. Las doce y media

_____

5. Él vive en un apartamento

_____

6. Yo tengo una idea

_____

7. Pedro tiene tres cuchillos

_____

8. Las siete y veinticinco

_____

9. ¿Por qué no vamos a una disco?

_____

10. ¡Buena idea!

_____

Key: 1) Let's meet on Monday morning ; 2) Why don't we travel to Los Angeles ; 3) That's a good idea ; 4) It's half past twelve / it's twelve thirty ; 5) He lives in an apartment ; 6) I have an idea ; 7) Pedro has three knives ; 8) It's seven twenty-five / it's twenty-five past seven ; 9) Why don't we go to a disco? ; 10) Good idea!

EJERCICIOS

B Escribe en inglés:

1. Doce en punto

_____

2. Tres y media

_____

3. Nueve menos veinte

_____

4. Seis y cinco

_____

5. Dos y cuarto

_____

6. Diez y veinte

_____

Key: 1) Twelve o'clock ; 2) Half past three / three thirty; 3) Twenty to nine / eight forty; 4) Five past six / six zero five ; 5) A quarter after two / two fifteen ; 6) Twenty after ten / ten twenty

C Escribe la frase en inglés, usando **a** o **an** de forma adecuada.

1) Una idea

_____

2) Un auto

_____

3) Un libro

_____

4) Un apartamento

_____

5) Un abril

_____

6) Una pregunta

_____

Key: 1) An idea ; 2) A car ; 3) A book ; 4) An apartment ; 5) An April ; 6) A question

APUNTES

CAPITULO

· 7 ·

SUMARIO

Más expresiones para
proponer o sugerir algo

Some y **Any** para indicar
cantidades indefinidas

There is y **there are** para decir *hay*

Hacer preguntas con
there is y **there are**

Cómo preguntar la edad

Cómo preguntar la fecha de nacimiento

La vida en los Estados Unidos

Para que practiques por
tu cuenta sin pagar un centavo

Ejercicios

Apuntes

Más expresiones para proponer o sugerir algo

Vamos a aprender cómo usar las expresiones *How about...* y *What about...* para proponer o sugerir alguna cosa a alguien.

Cuando quieres sugerir algo en inglés, un par de expresiones muy frecuentes son **How about**... y **What about**... que quieren decir *¿Qué tal si...?* o *¿Qué te parece si...?*

Muy a menudo van seguidas de verbos terminados en **-ing**. Veamos algunos sencillos ejemplos:

How about going to the movies?
¿Qué tal si vamos al cine?

What about going out tonight?
¿Qué tal si salimos esta noche?

How about playing soccer?
¿Qué te parece si jugamos al fútbol?

What about ordering a pizza?
¿Qué te parece si encargamos una pizza?

También es frecuente que vayan seguidas de un nombre o sustantivo:

How about a movie tonight?
¿Qué tal una película esta noche?

What about a magazine subscription?
¿Qué tal una suscripción a una revista?

How about a coffee?
¿Qué tal un café?

What about a drink tonight?
¿Qué tal un trago esta noche?

Las expresiones **How about you?** y **What about you?** también se usan para hacer una pregunta sobre una información que se acaba de dar. Fíjate en estos ejemplos.

I´m happy. How about you?
Estoy contenta. ¿Y tú?

I´m tired. What about you?
Estoy cansado. ¿Y tú?

Te hemos preparado este sencillo ejercicio para que practiques lo que acabamos de aprender. Tanto **How about** como **What about** son igualmente correctos en tu respuesta:

a) Sugiere hacer una actividad con la frase que se indica:

Go to the movies 1) _____
Eat out 2) _____
Stay at home 3) _____

b) Haz una pregunta relacionada con lo que dices:

I'm happy 1) _____
I like chocolate 2) _____
I speak Spanish 3) _____

Some y Any para indicar cantidades indefinidas

Existen dos palabras en inglés que se usan mucho cada vez que queremos expresar o indicar una cantidad indefinida, tanto con sustantivos contables como con incontables: son las palabras *some* y *any*.

Any se usa a su vez en frases negativas y también en preguntas. En oraciones negativas quiere decir *nada de*, *ningún*, *ninguna*, aunque en español generalmente no usamos ninguna palabra. Veamos unos sencillos ejemplos:

I don't have any money
No tengo nada de dinero

There aren't any books
No hay libros

Some quiere decir *algo de*, *algunos*, *algunas*. Se usa más comúnmente en frases afirmativas, delante del nombre o sustantivo. Veamos algunos ejemplos sencillos:

I need some books
Necesito algunos libros

I have some money
Tengo algo de dinero

Cuando usamos **any** en preguntas, quiere decir *algo de*, *algún*, *alguna*, *algunos*, *algunas*:

Are there any apples?
¿Hay algunas manzanas?

Is there any coffee?
¿Hay algo de café?

Some también puede usarse sin embargo cuando haces preguntas, pero sólo en estos dos casos:

a) Cuando se ofrece algo:

Would you like some coffee?
¿Quisieras tomar café?

b) Cuando pedimos algo:

Can I have some water?
¿Puedo tomar un poco de agua?

Te hemos preparado un sencillo ejercicio para que practiques con **some** y **any**:

1) Hay algunos problemas

2) Necesito algo de mantequilla

3) ¿Tienes algo de dinero?

4) No hay nada de vino

Key: 1. There are some problems 2. I need some butter 3. Do you have any money? 4. There isn't any wine

Some y Any para indicar cantidades indefinidas

En general, cuando nos encontramos con *sustantivos contables* y quieres indicar una cantidad indefinida, las palabras más usadas son:

Some / Algunos   **Many** / Muchos

A lot / Un montón   **A few** / Unos

Some apples / Algunas manzanas

A lot of strawberries
Un montón de fresas

Many bananas / Muchas bananas

A few oranges / Unas naranjas

I would like some apples
Desearía unas manzanas

I need a few oranges
Necesito unas naranjas

Cuando nos encontramos con *sustantivos incontables* y quieres indicar una cantidad indefinida, las palabras más usadas son:

Much / mucho

A lot / un montón

Some / algo

A little / un poco

Much milk / mucha leche

A lot of coffee / mucho café

Some ham / algo de jamón

A little bacon / un poco de tocino

I would like a little ham
desearía un poco de jamón

I need a lot of coffee
necesito un montón de café

Te hemos preparado el siguiente ejercicio para que practiques con algunas de las palabras que recién hemos aprendido. Completa los espacios en blanco con las palabras **much, some, a lot of, a few,** y **many**.

1) Hay unas naranjas. / There are_____ oranges.

2) Necesito algo de pollo. / I need _____chicken.

3) Hay mucho pescado. / There's _____ fish.

4) No hay mucho tocino. / There isn't _____bacon.

5) No hay muchos tomates. / There aren't _____tomatoes.

Key: 1. a few 2. some 3. a lot of 4. much 5. many

There is y there are para decir *hay*

En español, cuando usamos el verbo haber, lo usamos del mismo modo sea para expresar una cantidad en singular o en plural. Por ejemplo, decimos:

Hay un libro

Hay dos libros

Sin embargo, en inglés es distinto. Si queremos expresar una cantidad en singular diremos **there is** (en su forma contraída es **there's**) y si queremos decir una cantidad en plural usaremos **there are.** Veamos unos sencillos ejemplos:

There's a book
hay un libro

There are two books
hay dos libros

There's a teacher
hay un profesor

There are four teachers
hay cuatro profesores

There's a car
hay un auto

There are three cars
hay tres autos

Practica el uso de **there's** y **there are** con este sencillo ejercicio:

1) Hay una taza de café

_____

2) Hay cuatro vasos

_____

3) Hay dos platos

_____

4) Hay una botella de vino

_____

Key: 1. There's a cup of coffee 2. There are four glasses 3. There are two dishes 4. There's a bottle of wine

Hacer preguntas con **there is** y **there are**

Aprendamos ahora cómo hacer preguntas usando **there's** y **there are**. Para hacer preguntas con **there is** o **there are**, colocaremos **is** o **are** al principio de la oración.

Veamos unos sencillos ejemplos:

Is there a teacher?
¿hay un profesor?

Are there three books?
¿hay tres libros?

Is there a car?
¿hay un auto?

Are there four students?
¿hay cuatro estudiantes?

Is there a map?
¿hay un mapa?

Are there two shoes?
¿hay dos zapatos?

Si queremos usar **there's** y **there are** para hacer oraciones negativas, emplearemos las formas negativas **there isn't** o **there aren't**. Veamos estos ejemplos:

There's a teacher

There isn't a teacher

There are two cars

There aren't two cars

There's a map

There isn't a map

There are two shoes

There aren't two shoes

Aprendamos cómo responder con respuestas cortas a **there's** y **there are**:

Is there a map?

Yes, there is
sí, sí hay

No, there isn't
no, no hay

Are there four students?

Yes, there are
sí, sí hay

No, there aren't
no, no hay

Cómo preguntar la edad

Vamos a aprender cómo se pregunta la edad en inglés. Para preguntar la edad, una forma muy común de hacerlo sería:

How old are you?

¿Cuántos años tienes?

Te podrán contestar de una de estas dos formas:

I'm 24

Tengo 24 años

I'm 24 years old

Tengo 24 años

La edad, siempre debes decirla con el verbo **to be**. Veamos los siguientes ejemplos:

Peter is 18

Peter tiene 18 años

Antonio is 46 years old

Antonio tiene 46 años

Linda is 54

Linda tiene 54 años

My wife is 35 years old

Mi esposa tiene 35 años

I'm 32 years old

Yo tengo 32 años.

Practica con los siguientes ejercicios.

a) Responde a estas preguntas usando el número que se te indica. Recuerda que decir **years old** es también correcto.

1) How old are you? (27)

_____

2) How old is your sister? (12)

_____

3) How old is your father in-law? (67)

_____

4) How old is your niece? (9)

_____

Key: 1. I'm 27 2. She's 12 3. He's 67 4. She's nine

b) Ahora pregunta tú la edad de estas personas:

1) Your father

_____

2) Your grandmother

_____

3) Your wife

_____

4) Your son

_____

Key: 1. How old is your father? 2. How old is your grandmother? 7. How old is your wife? 8. How old is your son?

Cómo preguntar la fecha de nacimiento

Aprendamos ahora cómo preguntar a alguien su fecha de nacimiento:

When were you born?

¿Cuándo naciste?

Si preguntas con los pronombres **he, she** o **it**, debes usar la frase **was born**.

When was he born?

¿Cuándo nació él?

When was she born?

¿Cuándo nació ella?

Cuando respondes a estas preguntas, dirás el año en que naciste. Los años hasta el mil novecientos se dicen de esta forma:

Nineteen sixty-two

Mil novecientos sesenta y dos

Nineteen seventy-three

Mil novecientos setenta y tres

El año *dos mil* se dice **two thousand**. Los años siguientes al 2.000, los dices como dirías cualquier número que termina en mil:

Two thousand one

dos mil uno

Two thousand twenty-three

dos mil veintitrés

Cuando te pregunten la edad, puedes responder con una respuesta completa o una respuesta corta. Veámoslo en los siguientes ejemplos:

When were you born?

I was born in nineteen eighty-seven
In nineteen eighty-seven

When was she born?

She was born in nineteen ninety
In nineteen ninety

Practica con este sencillo ejercicio, respondiendo con la respuesta corta.

1) When was she born? (1958)

_____

2) When were you born? (1991)

_____

3) When was he born? (2000)

_____

Key: 1. In nineteen fifty-eight 2. In nineteen ninety-one 3. In two thousand

LA VIDA EN LOS ESTADOS UNIDOS

Los cupones de descuento

Buena parte de los presupuestos familiares se va en las compras en el supermercado. Los alimentos son muy caros en Estados Unidos, por lo que hay que estar siempre atento a las ofertas que siempre dan los supermercados y los fabricantes.

Una de las maneras que se puede ahorrar bastante es con los cupones de descuento que se entregan de forma gratuita en el periódico local o en el correo.

Si quieres ahorrar y comprar a mejores precios en el supermercado, no olvides planificar tus compras antes de ir y recortar los cupones de descuento de lo que vayas a comprar. Cupón a cupón son centavos, pero al final de mes suma mucho dinero.

LA VIDA EN LOS ESTADOS UNIDOS

Saludar en lugares públicos

Para los hispanos es normal saludar en todos los lugares. En Estados Unidos las personas no están acostumbradas a saludar en los lugares públicos, como por ejemplo, en las oficinas medicas o en los elevadores.

En una ciudad grande, donde todo el mundo va acelerado y como loco, es posible que nadie te salude. Pero no lo puedes tomar a mal, es sólo parte de la cultura. ¡Hay que aceptarlo así!

PARA QUE PRACTIQUES POR TU CUENTA
sin pagar un centavo

Te recomendamos hacerte con una libreta o cuaderno donde anotes todas las palabras y expresiones que aprendas siguiendo los trucos de aprendizaje que te mostramos en esta sección. Anota todo lo que te llama la atención y escribe también su significado. Repasar frecuentemente tus notas te ayudará a memorizar el inglés que irás aprendiendo por tí mismo. Es una forma entretenida y muy efectiva para aprender inglés sin pagar un centavo por ello. ¡Aprovéchalo!

Los títulos de las películas y los anuncios de TV

Un método fácil para enriquecer tu vocabulario es acordarse y fijarse en los títulos de las películas y programas de televisión. Los anuncios de televisión son una buena fuente también de inglés cotidiano.

En estos títulos se utilizan expresiones comunes y frecuentes que se usan en el inglés de todos los días.

PARA QUE PRACTIQUES POR TU CUENTA
sin pagar un centavo

Los libros nivelados para chicos

En la biblioteca de tu barrio encontrarás unos libros que usan una cantidad limitada de palabras y que suelen estar acompañados de ilustraciones. Son libros para chicos que están empezando a estudiar la materia de inglés y practicando la lectura.

Si deseas ver cuánto has avanzado ya, toma uno de esos libros y léelo, para ver con qué rapidez te desenvuelves ya en la lectura y comprensión del inglés.

Además, te lo pasarás bien y seguro que aprendes palabras y expresiones nuevas.

EJERCICIOS

A Escribe en inglés cómo dirías las siguientes expresiones:

1. ¿Qué tal si vamos al cine?

_____

2. ¿Qué te parece si jugamos a futbol?

_____

3. ¿Qué tal un café?

_____

4. ¿Puedo tomar un poco de agua?

_____

5. No tengo nada de dinero

_____

6. Necesito un montón de café

_____

7. Desearía algo de jamón

_____

8. ¿Hay un mapa?

_____

9. No, no hay (*respuesta a lo anterior*)

_____

10. ¿Cuándo naciste?

_____

Key: 1) How about / What about going to the movies? ; 2) How about / What about playing soccer?; 3) How about / What about a coffee?; 4) Can I have some water? ; 5) I don't have any money ; 6) I need a lot of coffee ; 7) I would like some / a little ham ; 8) Is there a map? ; 9) No, there isn't ; 10) When were you born?

EJERCICIOS

B Escribe en inglés:

1. 1960 (el año)

2. ¿Qué tal si...?

3. 1944 (el año)

4. Algo de

5. Un montón

6. 2018 (el año)

7. Un poco

8. Hay (singular)

Key: 1) Nineteen sixty ; 2) What about / How about ; 3) Nineteen forty-four ; 4) Some / any ; 5) A lot ; 6) Two thousand eighteen ; 7) A little ; 8) There is

C Transforma estas oraciones afirmativas en negativas y viceversa: Ejemplo: **There's a spoon** / There isn't a spoon

1) There are four forks _____

2) There's a napkin _____

Haz estas preguntas en inglés:

3) ¿Hay un cuchillo? _____

4) ¿Hay tres tenedores? _____

Responde en inglés con respuestas cortas:

5) ¿Is there a neighbor? (yes) _____

6) ¿Are there napkins? (no) _____

Key: 1) There aren't four forks ; 2) There isn't a napkin ; 3) Is there a knife? ; 4) Are there three forks? ; 5) Yes, there is ; 6) No, there aren't

APUNTES

CAPITULO
· 8 ·

SUMARIO

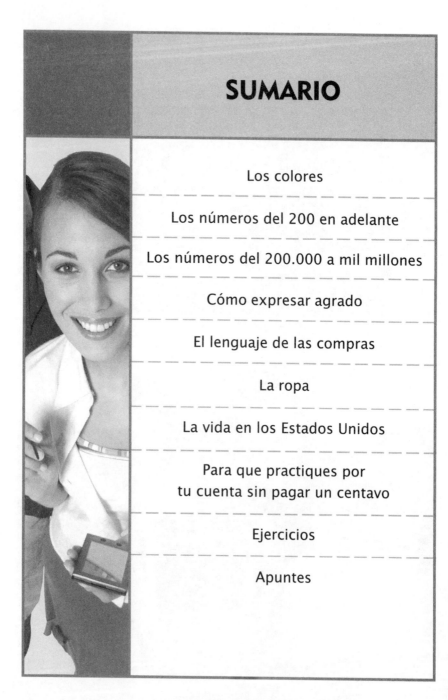

Los colores

Vamos a aprender ahora cómo se dicen los colores en inglés.

Fíjate en las siguientes frases, que de una forma sencilla te ayudarán a practicar con los colores y a la vez te permitirán recordarlos más fácilmente:

Si deseas preguntar por ejemplo de qué color es algo, la frase que se usa más frecuentemente es:

What color is it?

¿De qué color es?

Los principales colores se dicen así en inglés:

White / Blanco

Black / Negro

Blue / Azul

Red / Rojo

Yellow / Amarillo

Green / Verde

Brown / Marrón

Gray / Gris

Orange / Naranja

Pink / Rosa

White as snow

blanco como la nieve

Black as the night

negro como la noche

Blue as the sky

azul como el cielo

Red as blood

rojo como la sangre

Yellow as a cab

amarillo como un taxi

Green as the grass

verde como la grama

Brown as chocolate

marrón como chocolate

Gray as iron

gris como el hierro

Orange as a pumpkin

naranja como calabaza

Pink as Barbie

rosa como Barbie

Los números del 200 en adelante

Aprendamos los números del 200 al 1.000

Doscientos / **Two hundred**

Trescientos / **Three hundred**

Cuatrocientos / **Four hundred**

Quinientos / **Five hundred**

Seiscientos / **Six hundred**

Setecientos / **Seven hundred**

Ochocientos / **Eight hundred**

Novecientos / **Nine hundred**

Mil / **One thousand / a thousand**

Aprendamos ahora cómo decir los números entre medio:

Doscientos cuarenta
Two hundred forty

Quinientos sesenta
Five hundred sixty

Ochocientos cuarenta y dos
Eight hundred forty-two

Novecientos cincuenta y siete
Nine hundred fifty-seven

Del mil en adelante:

Mil diez / **One thousand ten**

Mil trescientos
One thousand three hundred

Mil trescientos cincuenta
One thousand three hundred fifty

Mil trescientos cincuenta y dos
One thousand three hundred fifty-two

Practica con el sencillo ejercicio que te hemos preparado:

1) Doscientos_____
2) Quinientos_____
3) Setecientos _____
4) Setecientos veinte

5) Setecientos veinticuatro

6) Mil _____
7) Mil cuatro_____
8) Mil cien_____
9) Mil ciento seis

10) Mil ciento ochenta

11) Mil ciento ochenta y nueve

Key: 1. Two hundred 2. Five hundred 3. Seven hundred 4. Seven hundred and twenty 5. Seven hundred and twenty-four 6. One thousand 7. One thousand and four 8. One thousand one hundred 9. One thousand one hundred and six 10. One thousand eighty 11. One thousand and eighty-nine

Los números del 200 en adelante

Ahora conozcamos los números del 2.000 al 10.000

Dos mil / **Two thousand**

Tres mil / **Three thousand**

Cuatro mil / **Four thousand**

Cinco mil / **Five thousand**

Seis mil / **Six thousand**

Siete mil / **Seven thousand**

Ocho mil / **Eight thousand**

Nueve mil / **Nine thousand**

Diez mil / **Ten thousand**

Aprendamos cómo decir los siguientes números:

Once mil / **Eleven thousand**

Doce mil / **Twelve thousand**

Trece mil **Thirteen thousand**

Catorce mil / **Fourteen thousand**

Quince mil / **Fifteen thousand**

Dieciséis mil / **Sixteen thousand**

Diecisiete mil
Seventeen thousand

Dieciocho mil
Eighteen thousand

Diecinueve mil
Nineteen thousand

En el siguiente ejercicio, vas a practicar los números que has aprendido.

Escribe el número en inglés:

1) Cinco mil _____

2) Quince mil _____

3) Seis mil _____

4) Dieciséis mil _____

5) Siete mil _____

6) Diecisiete mil _____

7) Ocho mil _____

8) Dieciocho mil _____

9) Nueve mil _____

10) Diecinueve mil _____

Key: 1. Five thousand 2. Fifteen thousand 3. Six thousand 4. Sixteen thousand 5. Seven thousand 6. Seventeen thousand 7. Eight thousand 8. Eighteen thousand 9. Nine thousand 10 Nineteen thousand

Los números del 200.000 a mil millones

Conozcamos ahora los números del 200.000 a mil millones.

Veinte mil / **Twenty thousand**

Treinta mil / **Thirty thousand**

Cuarenta mil / **Forty thousand**

Cincuenta mil / **Fifty thousand**

Sesenta mil / **Sixty thousand**

Setenta mil / **Seventy thousand**

Ochenta mil / **Eighty thousand**

Noventa mil / **Ninety thousand**

Cien mil
One hundred thousand
A hundred thousand

Un millón / **One million**

Mil millones / **One billion**

Practiquemos con los números intermedios:

Doscientos mil
Two hundred thousand

Trescientos mil
Three hundred thousand

Cuatrocientos mil
Four hundred thousand

Quinientos mil
Five hundred thousand

Seiscientos mil
Six hundred thousand

Setecientos mil
Seven hundred thousand

Ochocientos mil
Eight hundred thousand

Novecientos mil
Nine hundred thousand

Practica con el siguiente ejercicio:

1) Doscientos mil

2) Dos millones

3) Trescientos mil

4) Tres millones

5) Cuatrocientos mil

6) Cuatro mil millones

7) Quinientos mil

8) Cinco mil millones

Key: 1. Two hundred thousand 2. Two million 3. Three hundred thousand 4. Three million
5. Four hundred thousand 6. Four billion 7. Five hundred thousand 8. Five billion

Cómo expresar agrado

Para manifestar en inglés que algo te agrada mucho se pueden usar bastantes expresiones, pero quizá las dos más frecuentemente usadas son *What a ...!* y *How...!*

Otras maneras de expresar en inglés que algo te agrada es usar las expresiones **I like it** o **I love it.** Veamos ejemplos de cómo usarlas:

I like your car
me gusta tu auto

I like your car a lot
me gusta mucho tu auto

I really like your car
de verdad me gusta mucho tu auto

I love your car
me encanta tu auto

Veamos estos sencillos ejemplos con **What a...!**

What a nice car!
¡Qué buen auto!

What a beautiful girl!
¡Qué linda chica!

What a lovely house!
¡Qué casa encantadora!

What a great dinner!
¡Qué gran cena!

Ahora conozcamos el uso de **How...!**

How beautiful!
¡Qué lindo!

How big!
¡Qué grande!

How charming!
¡Qué encantador!

Practica lo aprendido con este sencillo ejercicio. Escribe en inglés las siguientes frases:

1) ¡Qué hermoso!

2) ¡Qué hermoso jardín!

3) ¡Qué encantador!

4) ¡Qué cocina encantadora!

5) Me encanta tu casa

6) Me gusta tu jardín

Key: 1. How beautiful! 2. What a beautiful garden! 3. How lovely! 4. What a lovely kitchen! 5. I love your house 6. I like your garden

El lenguaje de las compras

Cuando un empleado de la tienda se quiere ofrecer para ayudarte, muy probablemente usará una de las frases siguientes, que en español equivaldría a *¿En qué puedo ayudarlo?*:

May I help you?

Can I help you?

Si ocurre que sólo estás mirando y no necesitas de su ayuda, podrás decirle:

I'm just looking, thanks

Si quieres comprar algo, podrás usar algunas de estas expresiones:

I'm looking for... / Estoy buscando...

I'm looking for a jacket
Estoy buscando una chaqueta

I'd like to see... / Quisiera ver...

I'd like to see a sweater
Quisiera ver un suéter

I need... / Necesito...

I need a shirt
Necesito una camisa

En muchas ocasiones vas a estar en una tienda, bien sea comprando o mirando algo para comprar, o sólo curiosear. Es bueno que conozcas las palabras y expresiones que más se utilizan en este entorno.

Si te decides a llevar algo, una expresión muy común sería:

I'll take it / Lo llevo

I'll take them / Los llevo

Y cuando sea el momento de pagar tus compras, puedes preguntar:

How much is it? / ¿Cuánto es?

Practica ahora lo aprendido con este sencillo ejemplo que te hemos preparado. Escribe estas frases en inglés:

1) Quisiera ver una chaqueta

2) Sólo estoy mirando, gracias

3) Quiero un par de jeans

4) Lo llevo

5) ¿Cuánto cuesta?

Key: 1. I'd like to see a jacket 2. I'm just looking, thanks 3. I'd like to see a pair of jeans 4. I'll take it 5. How much is it?

La ropa

Vamos a aprender cómo se dicen en inglés los artículos de vestir más comunes.

Sweater / suéter, jersey

T-shirt / camiseta, remera

Shirt / camisa

Blouse / blusa

Pants / pantalones

Jacket / chaqueta

Coat / abrigo

Raincoat
impermeable, chubasquero

Skirt / falda

Shoes / zapatos

Sneakers
calzado deportivo, zapatos tenis

Si quieres manifestar que alguna prenda te gusta, es muy común que uses alguna de estas expresiones muy frecuentes:

I like… / Me gusta…

I don't like… / No me gusta…

Veamos algunos sencillos ejemplos de frases muy comunes que usaremos cuando nos refiramos a los artículos de vestir:

I like that shirt
me gusta esa camisa

I don't like those shoes
no me gustan esos zapatos

I like your jacket
me gusta tu chaqueta

I don't like her blouse
no me gusta su blusa

Nada mejor que un sencillo ejercicio para asentar lo recién aprendido. ¿Cómo dirías que te gusta....?

Y ahora, ¿cómo dirías que no te gusta...?

1) That jacket

2) His raincoat

3) Her blouse

4) My shoes

5) Those pants

6) That skirt

Key: 1. I like that jacket 2. I like his raincoat 3. I like her blouse 4. I don't like my shoes 5. I don't like those pants 6. I don't like that skirt

LA VIDA EN LOS ESTADOS UNIDOS

El teléfono de emergencia 911

El 911 es el número telefónico oficial y nacional para informar emergencias.
Puedes llamar gratuitamente desde cualquier teléfono y te comunicaran a la mayor brevedad posible con la policía, los bomberos o los paramédicos.

Pero, ¡ojo! No hagas uso de este número telefónico si no es para una emergencia importante, pues si la emergencia no es tan importante, pueden llegar a multarte por hacer un uso indebido del 911.

Así que memoriza este número: 911, y recuerda de usarlo sólo cuando realmente la emergencia que tienes es grave.

LA VIDA EN LOS ESTADOS UNIDOS

El día de Saint Patrick

Los estadounidenses celebran St. Patrick's Day el día 17 de marzo.

Aunque es una celebración irlandesa, la comunidad americana exhibe paradas y muchas personas se colocan algo verde, ya sea una joya o vestimenta.

En algunas comunidades es tradicional en este día comer carne de vaca cocinada y enlatada, como también sirven repollo y para tomar: ¡cerveza!.

PARA QUE PRACTIQUES POR TU CUENTA
sin pagar un centavo

Te recomendamos hacerte con una libreta o cuaderno donde anotes todas las palabras y expresiones que aprendas siguiendo los trucos de aprendizaje que te mostramos en esta sección. Anota todo lo que te llama la atención y escribe también su significado. Repasar frecuentemente tus notas te ayudará a memorizar el inglés que irás aprendiendo por tí mismo. Es una forma entretenida y muy efectiva para aprender inglés sin pagar un centavo por ello. ¡Aprovéchalo!

Escucha música en inglés

Escucha todo el tiempo que puedas música en inglés y trata de entender y memorizar las letras de las canciones.

Busca las letras de las canciones en los discos o en Internet, luego imprímelas o escríbelas en un cuaderno e intenta descifrar el significado de las palabras, luego usa estas palabras o frases en conversaciones diarias.

¡Te divertirás al mismo tiempo que aprendes nuevo vocabulario!

PARA QUE PRACTIQUES
POR TU CUENTA
sin pagar un centavo

Traducir párrafos en inglés
sin el diccionario

Sin tomar un diccionario busca un libro, un periódico o una revista y lee un párrafo o articulo que te interese. Puede ser que con el contexto puedas lograr descifrar lo que dice ese párrafo o articulo. Ahora toma papel y lápiz y trata entonces de traducirlo. Al terminar, toma el diccionario, úsalo en aquellas palabras que no entiendas o no estés seguro de saber y compara el resultado.

Déjame decirte que este truco para aprender más rápido puede parecer un poco laborioso al principio pero los resultados son impresionantes. ¡Aprenderás un montón! Además, con el tiempo se convierte como en un pasatiempo, igual que si fuera un crucigrama, pero más divertido.

EJERCICIOS

A Escribe en inglés cómo dirías las siguientes expresiones:

1. Mil trescientos cincuenta y dos (1352)

_____

2. Verde como la grama

_____

3. Naranja como una calabaza

_____

4. Quisiera ver un sweater

_____

5. ¿En qué puedo ayudarlo?

_____

6. Me gusta mucho tu auto

_____

7. Me encanta tu auto

_____

8. ¡Qué linda chica!

_____

9. ¿Cuánto es? (el coste de tu compra)

_____

10. No me gustan tus zapatos

_____

Key: 1) One thousand three hundred and fifty-two ; 2) Green as the grass ; 3) Orange as a pumpkin ; 4) I'd like to see a sweater ; 5) May / Can I help you? ; 6) I like your car a lot ; 7) I love your car ; 8) What a beautiful girl! ; 9) How much is it? ; 10) I don't like your shoes

EJERCICIOS

B Escribe en inglés:

1. 1266

2. 344

3. Marrón

4. Gris

5. Mil millones

6. Cien mil

7. Lo llevo

8. Los llevo

Key: 1) One thousand two hundred and sixty-six ; 2) three hundred and forty-four; 3) Brown ; 4) Gray ; 5) One billion ; 6) One hundred thousand ; 7) I'll take it; 8) I'll take them

C Escribe en inglés las siguientes frases:

1) ¡Qué buen auto!

2) ¡Qué grande!

3) Me gusta tu auto

4) Necesito una camisa

5) No me gusta esta camisa

6) Azul como el cielo

Key: 1) What a nice car! ; 2) How big! ; 3) I like your car ; 4) I need a shirt ; 5) I don't like this shirt ; 6) Blue as the sky

APUNTES

CAPITULO

· 9 ·

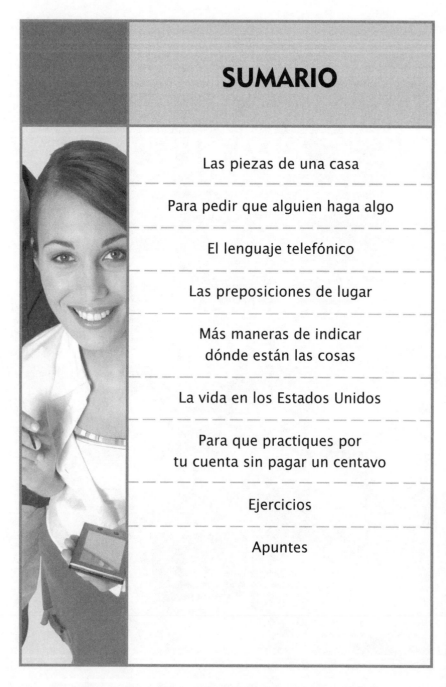

SUMARIO

Las piezas de una casa

Para pedir que alguien haga algo

El lenguaje telefónico

Las preposiciones de lugar

Más maneras de indicar
dónde están las cosas

La vida en los Estados Unidos

Para que practiques por
tu cuenta sin pagar un centavo

Ejercicios

Apuntes

Las piezas de una casa

Vamos a conocer cómo se dicen en inglés las diferentes partes de una casa.

Living room / sala de estar

Dining room / comedor

Kitchen / cocina

Bedroom / dormitorio, recámara

Bathroom / baño

Laundry room / lavadero

Garden / jardín

Backyard
parte de atrás de la casa / patio trasero

Front door / puerta principal

Veamos unos sencillos ejemplos de cómo se usa el vocabulario referido a una casa:

This is the living room
Esta es la sala de estar

The dining room is over there
El comedor está por allí

This is the kitchen
Esta es la cocina

The bathroom is right there
El baño está justo allí

Those are the bedrooms
Aquellos son los dormitorios / las recámaras

The laundry room is over there
El lavadero está por allí

That's the garden
Aquel es el jardín

There's the backyard
Ahí está el patio trasero

This is the front door
Esta es la puerta principal

Practica con el siguiente ejercicio. Contesta estas preguntas en inglés:

1) ¿Dónde te sientas en el sofá y miras televisión?

2) ¿Dónde preparas la comida?

3) ¿Dónde almuerzas y cenas?

4) ¿Dónde lavas la ropa?

5) ¿Dónde duermes?

6) ¿Dónde lees en verano?

Key: 1. In the living room 2. In the kitchen 3. In the dining room 4. In the laundry room 5. In the bedroom 6. In the garden / in the backyard

Para pedir a alguien que haga algo

Vamos a conocer cómo decir en inglés cuando tienes que pedirle a alguien que haga algo. Es muy frecuente que uses las palabras *Could* y *Can*, acompañada por *please*.

Lo más normal es que te encuentres en situaciones más informales, por suerte. En esos casos, se usa **Can**, que quiere decir *puede* o *puedes*. Seguimos en el trabajo, pero ahora es un compañero que te pide algo:

Si estás en una situación muy formal, es más apropiado usar la palabra **could**, que quiere decir *podría* o *podrías*:

Por ejemplo, vamos a suponer que estás en el trabajo y el jefe te pide –como siempre, siempre pidiendo cosas– que hagas algunas tareas. Te podría decir:

Can you read this article, please?

¿Puedes leer este artículo?

Can you mail this envelope, please?

¿Puedes mandar este sobre por correo?

**Could you call
Mr. Smith, please?**

¿Podría llamar al señor Smith, por favor?

**Could you answer
the phone, please?**

¿Podría contestar el teléfono, por favor?

Cuando le vayas a responder, le podrás decir:

Sure / seguro

Of course / claro

OK / de acuerdo

Certainly / con certeza

I'm sorry, I can't

lo siento, no puedo

Practica con el siguiente ejercicio: en las primeras dos frases (1 y 2) utiliza una expresión formal. En los otros dos (3 y 4), usa una expresión informal.

(call-Mr. Smith)

1)_____

(answer-the phone)

2)_____

(cook-tonight)

3)_____

(wash-the dishes)

4)_____

Key: 1. Could you call Mr. Smith, please? 2. Could you answer the phone, please? 3. Can you cook tonight, please? 4. Can you wash the dishes, please?

El lenguaje telefónico

Las conversaciones telefónicas es algo que vas a usar muy a menudo. Es muy importante que te familiarices con el lenguaje que se usa al hablar por teléfono en inglés. Vamos a enseñarte las expresiones más frecuentes.

Una pregunta que muy probablemente te harán es la de saber quién eres:

Who's calling?
¿De parte de quién?

Empecemos por las expresiones que te resultarán útiles cuando tengas que hacer una llamada telefónica más formal, como por ejemplo, a tu trabajo o para hablar con la secretaria de un médico.

I'd like to speak to...
Quisiera hablar con ...

I'd like to speak to Mrs. Smith, please
Quisiera hablar con la señora Smith, por favor

Could I speak to...?
¿Podría hablar con...?

Could I speak to Mr. Adams?
¿Podría hablar con el señor Adams?

Enseguida te presentarás como vimos páginas atrás. Usarás la expresión **This is**...:

This is Antonio Lagos
Habla Antonio Lagos

Repasemos un diálogo muy común en una conversación formal por teléfono en inglés:

- Hello?
- Hello, I'd like to speak to Mrs. Smith, please
- Who's calling?
- This is Antonio Lagos

Te hemos preparado este sencillo ejercicio para que practiques las expresiones que recién hemos aprendido. Traduce al inglés las frases en español:

1) ¿Podría hablar con el señor White?

_____

2) ¿De parte de quién?

_____

3) Habla Paula Suárez

_____

Key: 1. Could I speak to Mr. White? 2. Who's calling? 3. This is Paula Suárez

El lenguaje telefónico

Sigamos aprendiendo el lenguaje telefónico. Si la persona a la que llamas está, te podrán decir en un entorno de formalidad:

Hold on, please / Aguarde por favor

I'll put you through / La comunico

I'll connect you

(otra forma de decir «*la comunico*»)

Si el entorno es más informal, las expresiones serían del tipo:

I'll get her / La comunico con ella

I'll get him / Lo comunico con él

Repasemos lo aprendido en este sencillo diálogo:

- Hello?
- Hello, I'd like to speak to Mrs. Smith, please
- Who's calling?
- This is Paula Suárez
- Hold on please. I'll put you through

Si tienes suerte y llegas a hablar con la persona que estabas buscando, una de las expresiones más comunes de la persona a la que llamas es **speaking**, que quiere decir *habla él* o *habla ella*. Veámoslo en el siguiente ejemplo:

- **Could I speak to John Adams, please?**

¿Podría hablar con John Adams, por favor?

- **Speaking** / Él habla

Para que la persona sepa enseguida el motivo de tu llamado, deberías arrancar inmediatamente con una frase que empiece por una expresión como **I'm calling about**..., que quiere decir *le llamo por*... Veámoslo en el siguiente ejemplo:

I'm calling about...

Llamo por / llamo para...

I'm calling about the job opening

Lo llamo por la oferta de trabajo

En el siguiente ejercicio, podrás practicar lo aprendido. Traduce al inglés las frases en español:

1) Aguarde, por favor
_____

2) La comunico
_____

3) Habla ella
_____

4) Lo llamo por el trabajo
_____

Key: 1. Hold on 2. I'll put you through / I'll connect you / I'll get him 3. Speaking 4. I'm calling about the job

El lenguaje telefónico

También puede suceder muy frecuentemente que la persona a la que llamas no se encuentre o no se quiera poner. En ese caso, muy seguramente la operadorá te dirá una frase del tipo *Lo siento, pero...* que en inglés se dice **I'm sorry, but...** Veamos el siguiente ejemplo:

I'm sorry but...
Lo siento, pero...

I'm sorry but Mr. Adams is not here right now
Lo siento, pero el señor Adams no se encuentra en este momento

May I take a message?
¿Quiere dejar un mensaje?

A lo que deberías responder de la siguiente manera, por sí o por no:

Yes, please / Sí, por favor

No thank you. I'll call back later
No, gracias. Llamaré más tarde

Si, en cambio, no te dicen nada de si quieres dejar un mensaje pero tú quieres hacerlo, la manera de decirlo en inglés sería la siguiente:

May I leave a message?
¿Podría dejar un mensaje?

Y el tipo de mensaje que puedes dejar sería del tipo:

Could you ask her to ...?
Podría pedirle que...

Could you ask her to call me?
Podria pedirle que me llame?

Could you tell her to..?
Podría decirle que...

Could you tell him I called?
¿Podría decirle que la llamé?

Uf!. Has aprendido un montón y ya estás familiarizado con el lenguaje telefónico. Nada mejor que repasar lo aprendido y asegurarte de que lo has asimilado todo mediante este sencillo ejercicio que hemos preparado para tí. Di estas frases en inglés:

1) Lo siento, pero el señor Adams no está en este momento

2) ¿Quiere dejar un mensaje?

3) ¿Puedo dejar un mensaje?

4) Llamaré más tarde

5) ¿Podría pedirle que me llame?

6) ¿Podrías decirle que llamé?

Key: 1. I'm sorry but Mr. Adams is not here right now 2. May I take a message? 3. May I leave a message? 4. I'll call back later 5. Could you ask her to call me? 6. Could you tell him I called?

Las preposiciones de lugar

Vamos a aprender cómo usar las presposiciones de lugar. Las preposiciones de lugar más frecuentemente usadas en inglés son las siguientes:

On / sobre

Under / debajo

In front of / delante

Behind / detrás

Next to / al lado de

Between / entre dos

Among / entre más de dos

Veamos ejemplos sencillos de frases que usan las preposiciones de lugar:

I have your picture on the table

Tengo tu foto sobre la mesa

The cat is under the bed

El gato está debajo de la cama

The hospital is in front of the bank

El hospital está delante del banco

The car is behind that truck

El auto está detrás de ese camión

His sister is next to his mother

Su hermana está junto a su madre

Susan is between her two children

Susan está entre sus dos hijos

My brother is among that crowd

Mi hermano está entre esa multitud

Más maneras de indicar dónde están las cosas

Existen otras palabras muy usadas en el inglés americano para indicar dónde están las cosas. Son las palabras que vamos a aprender ahora:

Here / Aquí, acá
There / Allí, allá
Over here / Por aquí
Over there / Por allá

Imagina que estás mudándote de casa. Estás preparando todo para la mudanza y unos amigos están ayudándote. Estos podrían ser unos diálogos habituales para esta situación:

Where are the suitcases?
¿Dónde están las maletas / valijas?

Where are the boxes?
¿Dónde están las cajas?

Where are the chairs?
¿Dónde están las sillas?

Para contestar a los amigos que te están ayudando, usarás las palabras que hemos visto arriba. Estas podrían ser tus respuestas:

The suitcases are here
las valijas están aquí

The boxes are there
las cajas están allí

The chairs are there
las sillas están ahí

También les puedes responder en inglés usando las otras dos expresiones que recién vimos: **over here** y **over there**, que significan *por aquí* y *por allí*

The suitcases are over here
las valijas están por aquí

The boxes are over there
las cajas está por allí

The chairs are over there
las sillas están por allí

Vamos a realizar el siguiente ejercicio para que te ayude a terminar de asimilar el uso de las cuatro palabras que acabamos de aprender. Debes contestar cada pregunta con la respuesta que te sugerimos, como en este ejemplo:

Where are the dishes? Here.
Tu respuesta: The dishes are here.

Ahora es tu turno:

1) Where are the spoons? There

2) Where are the pots? Over there

3) Where are the knives? Over here

4) Where is the can opener? Here

Key: 1.The spoons are there 2. The pots are over there 3. The knives are over here 4. The can opener is here

LA VIDA EN LOS ESTADOS UNIDOS

Las ayudas a los niños en edad escolar

Como vimos en otra unidad, la educación pública es gratuita en Estados Unidos.

Aunque también ofrecen servicio de transporte y de alimentación, ambos por una cantidad mínima. Le servirán al niño desayuno y almuerzo.

Para los padres que trabajan y no pueden llevar a sus hijos a su casa, existen programas organizados por las ciudades, que llevan a los niños a sitios especiales en donde practican deportes, hacen las tareas de la escuela y tienen espacio para su recreación después de concluída la jornada escolar.

LA VIDA EN LOS ESTADOS UNIDOS

Thanksgiving o Día de Acción de Gracias

Thanksgiving o Acción de Gracias es junto con el 4 de Julio y Navidad una de las fiestas más celebradas en el país. Las familias se reúnen el cuarto jueves de Noviembre y celebran la cena de Acción de Gracias, con la que dan gracias por lo que tienen en sus vidas.

El origen data de 1621, cuando los primeros Pilgrims puritanos llegaron de Inglaterra a Massachussets huyendo de la persecución religiosa. Los indios que vivían en la zona les enseñaron a cómo sobrevivir con tanto frío y cómo sembrar cosechas. Cuando fue el momento de la recolección, los Pilgrims, en agradecimiento a los indios, organizaron una gran cena que se ha convertido en una celebración nacional que llega hasta nuestros días.

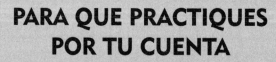

PARA QUE PRACTIQUES POR TU CUENTA
sin pagar un centavo

Te recomendamos hacerte con una libreta o cuaderno donde anotes todas las palabras y expresiones que aprendas siguiendo los trucos de aprendizaje que te mostramos en esta sección. Anota todo lo que te llama la atención y escribe también su significado. Repasar frecuentemente tus notas te ayudará a memorizar el inglés que irás aprendiendo por tí mismo. Es una forma entretenida y muy efectiva para aprender inglés sin pagar un centavo por ello. ¡Aprovéchalo!

Grábate a ti mismo

Una manera muy práctica para aprender a pronunciar bien es grabar en una cinta de cassette una entrevista en la radio que se escuche bien. Elige por ejemplo un minuto de conversación y trata de escribir lo que dicen en la entrevista.

Ahora grábate a ti mismo leyendo lo que has escrito y compara tu pronunciación con la de la entrevista original. Marca en rojo ahí donde veas que has de mejorar y vuelve a intentarlo, hasta que consigas grabarte con una pronunciación parecida a la original que grabaste de la radio.

PARA QUE PRACTIQUES POR TU CUENTA
sin pagar un centavo

Leer periódicos y revistas

Leer periódicos y revistas es otra manera muy sencilla con la que puedes familiarizarte con el idioma ingles. Los hay más populares, que usan las palabras y expresiones más usadas en el lenguaje cotidiano. Estos son los que te recomendamos leer por ahora. Más adelante ya leerás diarios o revistas que usan un inglés más complejo.

Te sugerimos leer entrevistas, pues es una manera de ver en la práctica el uso de los diálogos. Elige las secciones del diario o revista que más te interesen, sea deportes, espectáculos, etc. Lo importante es que el tema sobre el que estás leyendo te interese para que te sea más fácil practicar este truco de aprendizaje.

Fácil, ¿no?

EJERCICIOS

A Escribe en inglés cómo dirías las siguientes expresiones:

1. Esta es la sala de estar

_____

2. Ahí está la puerta principal

_____

3. Podría llamar a Mr.Smith? (formal)

_____

4. ¿Puedes llamar a Mr. Smith? (informal)

_____

5. Lo siento, no puedo

_____

6. Con certeza

_____

7. ¿De parte de quién?

_____

8. Aguarde por favor

_____

9. ¿Podría dejar un mensaje?

_____

10. El gato está debajo de la mesa

_____

Key: 1) This is the living room ; 2) There's the front door ; 3) Could you call Mr. Smith, please? ; 4) Can you call Mr.Smith? ; 5) I'm sorry, I can't ; 6) Certainly ; 7) Who's calling? ; 8) Hold on ; 9) May I leave a message? ; 10) The cat is under the table

EJERCICIOS

B Escribe en inglés:

1. sobre

_____

2. debajo

_____

3. delante

_____

4. detrás

_____

5. Next to

_____

6. Entre

_____

7. Entre (más de dos)

_____

Key: 1) On ; 2) Under ; 3) In front of ; 4) Behind ; 5) Next to ; 6) Between ; 7) Among

C Fíjate en el siguiente diálogo telefónico y escribe en inglés la traducción

1) Quisiera hablar con John Adams

_____

2) ¿De parte de quién?

_____

3) Soy Antonio Lagos

_____

4) Aguarde por favor

_____

5) (John Adams) Él habla

_____

6) Le llamo por el auto

_____

Key: 1) I'd like to speak to John Adams ; 2) Who's calling? ; 3) This is Antonio Lagos ;
4) Hold on, please ; 5) Speaking ; 6) I'm calling about the car

APUNTES

CAPITULO
· 10 ·

SUMARIO

El presente continuo

Los verbos de situación

El pasado simple del verbo **to be** (*ser*)

El pasado simple del verbo **to be** (*estar*)

El pasado simple del verbo
to be en oraciones negativas

El pasado simple del verbo
to be en oraciones interrogativas

Respuestas cortas con el verbo
to be en pasado simple

La vida en los Estados Unidos

Para que practiques por
tu cuenta sin pagar un centavo

Ejercicios

Apuntes

El presente continuo

El **presente continuo** se usa para describir *lo que alguien está haciendo en el momento en que está hablando.* Por ejemplo:

You're studying hard
Tú estás estudiando duro

Sin embargo, existen algunas palabras que refuerzan esta idea que expresa el presente continuo.

Now / ahora

Right now
justo ahora, en este momento

She's learning English now
ella está aprendiendo inglés ahora

You're studying hard right now
estás estudiando duro en este momento

El presente continuo se usa mucho también con palabras que expresan acciones que no están sucediendo exactamente cuando estás hablando, pero sí en un presente más extendido en el tiempo. Estas palabras son bastante comunes en inglés. Conozcámoslas:

These days / estos días

This week / esta semana

This month / este mes

This year / este año

Vale la pena reparar en los siguientes ejemplos para entender mejor lo que recién acabamos de aprender.

She's saving a lot this month
ella está ahorrando mucho este mes

I'm waking up earlier these days
me estoy levantando más temprano estos días

He's traveling a lot this year
él está viajando mucho este año

Y como siempre, te hemos preparado un sencillo ejercicio para que refuerces lo aprendido. Escribe estas oraciones en inglés:

1) Ellos están viajando mucho este año

2) Estoy estudiando en este momento

3) Estoy estudiando en este mismo momento

4) Estoy estudiando mucho en estos días

5) Ella está viajando mucho este mes

Key: 1. They're traveling a lot this year 2. I'm studying now 3. I'm studying right now 4. I'm studying hard these days 5. She's traveling a lot this month

Los verbos de situación

Vamos a aprender los verbos de situación, que tienen unas características que los distinguen del resto de los verbos. Pero, ¿qué son los verbos de situación?

RECUERDA

Los **verbos de situación** son verbos que no describen una acción, sino más bien, una situación que ya existe. Estos verbos se usan, por lo general, en el *presente simple*.

El verbo **like**, por ejemplo, que quiere decir *gustar*, es un caso de verbo de situación.

Si quieres decir *Me gusta el chocolate*, debes decir **I like chocolate**. Sería un error que usaras el verbo en presente continuo. Por este motivo, si dijeras **I'm liking chocolate** no sería correcto.

En inglés, algunos de los verbos de situación más comunes serían:

Understand / entender

Love / amar　　**Believe** / creer
Know / saber　　**Have** / tener
Like / gustar　　**Hate** / odiar

Remember / recordar

Vamos a ver unos cuantos ejemplos sencillos para entender mejor lo que acabamos de ver:

I understand the situation
entiendo la situación

I hate McDonald's
odio MacDonald's

I know his family
conozco su familia

I like her new car
me gusta su nuevo auto

I believe in your words
creo en tus palabras

I have a headache
tengo un dolor de cabeza

I hate her shoes
odio sus zapatos

I remember what she is like
recuerdo cómo es ella

Practiquemos con un ejercicio muy sencillo. Decide si estas oraciones son correctas o incorrectas. Si son incorrectas, corrígelas.

1) I'm loving pizza
2) I remember her name
3) I know Italian
4) I'm hating hamburguers
5) I understand English
6) I'm liking chocolate

Key: 1. Incorrecta. I love pizza 2. Correcta 3. Correcta 4. Incorrecta. I hate hamburguers 5. Correcta 6. Incorrecta. I like chocolate

El pasado simple del verbo **to be** (*ser*)

Ahora vamos a aprender cómo decir el verbo **to be** en **pasado simple** con el significado *ser*. Luego aprenderemos cómo usarlo con el significado *estar*.

I was
yo fui / yo era

You were
tú fuiste / tú eras / usted fue / usted era

He was
él fue / él era

She was
ella fue / ella era

It was
ello fue / ello era

We were
nosotros fuimos / nosotros éramos

You were
ustedes fueron / ustedes eran

They were
ellos fueron / ellos eran

Practiquemos el verbo **to be** en pasado simple y con el significado *ser*:

I was married
yo era casada

You were his friend
usted era su amigo

Peter was handsome
Peter era bien parecido

Linda was his girlfriend
Linda era su novia

The suitcase was small
la valija era pequeña

We were a nice group
nosotros éramos un lindo grupo

You were the winners
ustedes fueron los ganadores

My neighbors were nice
mis vecinos eran agradables

Practiquemos ahora con un sencillo ejercicio. Escribe las siguientes oraciones con la forma correcta del verbo **to be** en pasado.

1) The trip is short
_____

2) It's late
_____

3) They are friends
_____

4) Fuiste muy amable
_____

Key: 1. The trip was short 2. It was late 3. They were friends 4. You were very kind

El pasado simple del verbo **to be** (*estar*)

Vamos a aprender ahora cómo decir el verbo **to be** en pasado simple con el significado *estar*.

I was
yo estuve / yo estaba

You were
tú estuviste / tú estabas / usted estuvo / usted estaba

He was
él estuvo / él estaba

She was
ella estuvo / ella estaba

It was
ello estuvo / ello estaba

We were
nosotros estuvimos / nosotros estábamos

You were
ustedes estuvieron / ustedes estaban

They were
ellos estuvieron / ellos estaban

Practiquemos el verbo **to be** en pasado simple y con el significado *estar*.

I was at home all afternoon
estuve en casa toda la tarde

You were with me yesterday
estuviste conmigo ayer

He was in Colombia last year
estuvo en Colombia el año pasado

She was in his apartment until late
estuvo en su apartamento hasta tarde

The city was in darkness
la ciudad estuvo en la oscuridad

We were together all the time
estuvimos juntos todo el tiempo

You were close to the crowd
estuvieron próximos a la multitud

They were in the line for hours
estuvieron en la fila por horas

Practiquemos ahora con un sencillo ejercicio. Completa las siguientes oraciones con la forma correcta del verbo **to be** en pasado.

1) The door is closed
_____

2) We're at home
_____

3) I'm sick
_____

4) They are happy
_____

5) We are at home now (at 7:00 p.m.)
_____

Key: 1. The door was closed 2. We were at home 3. I was sick 4. They were happy 5. We were at home at 7:00 p.m.

El pasado simple del verbo **to be** en oraciones negativas

¿Cómo se construyen las oraciones negativas con el verbo **to be** en pasado simple? Para decir oraciones negativas con el pasado del verbo **to be**, hay que agregar **not** después del verbo y contraerlo.

I was not	I wasn't
You were not	You weren't
He/She/It was not	He/She/It wasn't
We were not	We weren't
You were not	You weren't
They were not	They weren't

Practiquemos el verbo **to be** en pasado simple en oraciones negativas:

The movie wasn't interesting

La película no fue interesante

He wasn't at home

Él no estaba en su casa

The trip wasn't long

El viaje no fue largo

The food wasn't good

La comida no era buena

The door wasn't closed

La puerta no estaba cerrada

We weren't happy

No estábamos contentos

Practiquemos ahora con un sencillo ejercicio. Transforma estas oraciones afirmativas en negativas:

1) The trip was long

_____

2) The door was closed

_____

3) We were happy

_____

4) She was at home

_____

5) The food was good

_____

6) The movie was interesting

_____

Key: 1. The trip wasn't long 2. The door wasn't closed 3. We weren't happy 4. She wasn't at home 5. The food wasn't good 6. The movie wasn't interesting

El pasado simple del verbo **to be** en oraciones interrogativas

¿Cómo se construyen las oraciones interrogativas (hacer preguntas) con el verbo **to be** en pasado simple? Para hacer una pregunta con el verbo **to be** en pasado hay que colocar **was** o **were** al principio de la oración:

Por ejemplo, fíjate cómo una oración afirmativa se convierte en oración interrogativa:

She was late
Was she late?

They were at home
Were they at home?

Practiquemos ahora con un sencillo ejercicio. Transforma estas oraciones en preguntas:

1) The trip wasn't long

_____

2) The door was closed

_____

3) You weren't happy

_____

4) She was at home

_____

5) The food wasn't good

_____

6) The movie was interesting

_____

Key: 1. Was the trip long? 2. Was the door closed? 3. Were you happy? 4. Was she at home? 5. Was the food good? 6. Was the movie interesting?

Practiquemos el verbo **to be** en pasado simple en oraciones interrogativas:

Was the movie interesting?

¿Fue interesante la película?

Were they at home?

¿Estaban ellos en su casa?

Was the trip long?

¿Fue largo el viaje?

Were the doors closed?

¿Estaban cerradas las puertas?

Was the food good?

¿Era buena la comida?

Were you happy?

¿Estabas contento?

Respuestas cortas con el verbo **to be** en pasado simple

Aprendamos a contestar con respuestas cortas a preguntas simples cuya respuesta puede ser **Yes** o **No** (*Sí* o *No*), usando el verbo **to be** en pasado simple.

Was the movie interesting?
Yes, it was / Sí, lo fue

Were they at home?
No, they weren't / No, no estaban

Was the trip long?
Yes, it was / Sí, lo fue

Were the doors closed?
No, they weren't / No, no lo estaban

Was the food good?
Yes, it was / Sí, lo era

Si la pregunta comienza con **was**, debes usar **was** en tu respuesta.

Si la pregunta comienza con **were**, debes usar **were** en tu respuesta, excepto cuando es una pregunta con el pronombre **you** en singular:

Were you tired?
Estabas tú cansado?

Yes, I was
Sí, lo estaba

No, I wasn't
No, no lo estaba

Practiquemos nuevamente con un sencillo ejercicio.
Completa estas respuestas cortas con el verbo **to be** en pasado:

1) Was the trip long? Yes, _____

2) Was the door closed? No, _____

3) Were you happy? Yes, _____

4) Was she at home? No, _____

5) Was the food good? Yes, _____

6) Was the movie interesting? No, _____

Key: 1. Yes, it was. 2. It wasn't 3. I was 4. she wasn't 5. It was 6. It wasn't

LA VIDA EN LOS ESTADOS UNIDOS

No comentes sobre aspectos físicos de las personas

Para llevar una buena relación con los estadounidenses tienes que tener mucho cuidado en cómo te diriges hacia ellos.

Nunca comentes aspectos físicos de las personas, como si es alta o baja, o si está con exceso o falta de peso.

Ellos se preocupan mucho por su apariencia y cualquier referencia a ella se considera de muy mala educación.

Los periodos de vacaciones escolares

Las escuelas y universidades disfrutan de tres periodos vacacionales: las vacaciones de verano (**summer vacation**), que por lo general van desde finales de mayo o principios de junio hasta agosto; las vacaciones de primavera (**spring break**), que suele ser una semana en marzo o abril. Y las vacaciones de invierno (**winter break**) que corresponde a las últimas dos semanas de diciembre.

LA VIDA EN LOS ESTADOS UNIDOS

El servicio de correos

El **US Post Office** (Correos) es una agencia federal que funciona muy bien: es rápido, seguro y no es costoso. Hay muchas formas de enviar tu correo. El más común tarda dos o tres días para llegar a cualquier punto del país y cuesta relativamente poco. Luego hay otros servicios un poco más caros pero son aún más rápidos y pueden darte hasta certificación de entrega.

No dudes en preguntar en la oficina de correos que tengas más próxima cuál es el servicio postal que más te conviene para cada envío, sea nacional o internacional. Suelen ser muy amables y dar toda la información necesaria.

PARA QUE PRACTIQUES POR TU CUENTA
sin pagar un centavo

Te recomendamos hacerte con una libreta o cuaderno donde anotes todas las palabras y expresiones que aprendas siguiendo los trucos de aprendizaje que te mostramos en esta sección. Anota todo lo que te llama la atención y escribe también su significado. Repasar frecuentemente tus notas te ayudará a memorizar el inglés que irás aprendiendo por tí mismo. Es una forma entretenida y muy efectiva para aprender inglés sin pagar un centavo por ello. ¡Aprovéchalo!

Aprende las palabras que se dicen casi igual

Una manera muy rápida de aprender inglés es tomar un diccionario y anotarte en tu libreta todas aquellas palabras que se dicen igual o casi igual en español que inglés. Por ej., humor, construction, transportation, urgent, etc.

¡Tu vocabulario se va a multiplicar sin apenas esfuerzo!

PARA QUE PRACTIQUES POR TU CUENTA
sin pagar un centavo

Los *inserts* publicitarios

Todos los periodicos en su edicion del domingo traen un montón de insertos publicitarios de las cadenas comerciales y tiendas departamentales.

Hojea algunos de estos folletos y mejora tu vocabulario de artículos de ropa viendo cómo se llaman y escriben las distintas prendas anunciadas.

¡Fácil y divertido!

EJERCICIOS

A Escribe en inglés cómo dirías las siguientes expresiones:

1. Odio este restaurante

2. Tengo dolor de cabeza

3. Luis está viajando mucho este año

4. Yo estaba casada

5. Ustedes fueron los ganadores

6. Peter no estaba en casa

7. Ellos no estaban contentos

8. ¿Fue largo el viaje?

9. ¿Estabas contento?

10. No, no lo estaba (respuesta corta a lo anterior)

Key: 1) I hate this restaurant ; 2) I have a headache ; 3) Luis is travelling a lot this year ; 4) I was married; 5) You were the winners ; 6) Peter was not at home ; 7) They were not happy ; 8) Was the trip long? ; 9) Were you happy? ; 10) No, I wasn't

EJERCICIOS

B Escribe en inglés:

1. Estos días

_____

2. Este mes

_____

3. Recordar

_____

4. Entender

_____

5. Tener

_____

6. Ahora

_____

7. Justo ahora

_____

8. Odiar

_____

Key: 1) These days ; 2) This month ; 3) Remember ; 4) Understand ; 5) Have ; 6) Now ; 7) Right now ; 8) Hate

C Escribe las preguntas a estas respuestas:
Ejemplo: **I was tired** sería *Were you tired?*.

1) The food was good _____

2) They were at home _____

3) She was late _____

Responde con respuestas cortas a estas preguntas:

4) Was it far? (yes) _____

5) Were you close? (no) _____

6) Was that your girlfriend? (no) _____

Key: 1) Was the food good? ; 2) Were they at home? ; 3) Was she late? ; 4) Yes, it was ; 5) No, I wasn't ; 6) No, she wasn't.

APUNTES

CAPITULO
· 11 ·

SUMARIO

Si no entiendes algo

El pasado del verbo **to have**

El pasado del verbo **to have**
en preguntas y negaciones

El pasado de los verbos regulares

El pasado de los verbos irregulares

El pasado de los verbos irregulares
en preguntas y negaciones

La vida en los Estados Unidos

Para que practiques por
tu cuenta sin pagar un centavo

Ejercicios

Apuntes

Si no entiendes algo

Si no entendemos algo, por ejemplo, las expresiones más comunes son las siguientes:

I'm sorry, I don't understand
Disculpa, no entiendo

Si no entendemos el significado de una palabra, preguntaremos usando el verbo **to mean** que quiere decir *significar* (**meaning** quiere decir *significado*):

What does awesome mean?
¿Qué significa *awesome*?

What's the meaning of awesome?
¿Cuál es el significado de awesome?

It means great
Significa fantástico

Es importante que conozcas también cómo pedir a alguien que hable más lento o rápido:

More slowly / Más lentamente

Can you speak more slowly?
¿Puede hablar más lentamente?

Louder / Más fuerte

Could you speak louder?
¿Puede hablar más fuerte?

Aprendamos cómo pedir disculpas en inglés cuando no entendemos alguna cosa.

Otra expresión que usarás mucho es que te repitan lo que te han dicho:

Could you repeat that, please?
¿Puedes repetir, por favor?

Practiquemos con un sencillo ejercicio. Contesta estas preguntas completando los con la expresión adecuada.

1) ¿Cómo te disculpas cuando no entiendes algo?

2) Quieres saber el significado de **awesome**. ¿Cómo lo preguntas?

3) ¿Cómo le pides a alguien que hable más fuerte?

4) ¿Cómo le pides a alguien que hable más despacio?

5) ¿Cómo le pides a alguien que repita lo que dijo?

Key: 1. I'm sorry, I don't understand 2. What's the meaning of awesome? / What does awesome mean? 3. Could you speak louder? 4. Could you speak more slowly? 5. Could you repeat, please?

El pasado del verbo to have

En páginas atrás aprendimos el verbo **to have**, que significa *tener*. Ahora vamos a aprender cómo usar el verbo **to have** en pasado. Es realmente sencillo, pues se usa la misma palabras para todas las personas. Esa palabra es **had**. Veamos cómo se conjuga:

I had

yo tenía / tuve

You had

tú tenías / tuviste ; usted tenía / tuvo

He / she / it had

él tenía / tuvo ; ella tenía / tuvo ; ello tenía / tuvo

We had

nosotros teníamos / tuvimos

You had

ustedes tenían / tuvieron

They had

ellos tenían / tuvieron

Veamos unos cuantos sencillos ejemplos de frases que usan el verbo **to have** en pasado:

I had a nice car

yo tenía un buen auto

You had a girlfriend

usted tenía una novia

He had a lovely family

él tenía una familia encantadora

We had a good relationship

nosotros teníamos una buena relación

You had a big group

ustedes tenían un grupo grande

They had an exam yesterday

ellos tuvieron un examen ayer

Practiquemos ahora con un práctico ejercicio para comprobar que lo has asimilado bien. Escribe estas oraciones en pasado:

1) I have a store

2) You have a house

3) He has a friend

4) They have an opportunity

5) It has a garden

6) We have a friend

7) She has a problem

Key: 1. I had a store. 2. You had a house 3. He had a friend 4.They had an opportunity 5. It had a garden 6. We had a friend 7. She had a problem

El pasado del verbo **to have** en preguntas y negaciones

Si queremos usar el pasado del verbo **to have** en oraciones negativas, habremos de usar el auxiliar **did** seguido de **not**, mejor en su forma contraída. Veamos cómo conjuga para cada persona:

I didn't have

yo no tenía / no tuve

You didn't have

tú no tenías / no tuviste ; usted no tenía / no tuvo

He / she / it didn't have

él – ella – ello no tenía / no tuvo

We didn't have

nosotros no teníamos / no tuvimos

You didn't have

ustedes no tenían / no tuvieron

They didn't have

ellos no tenían / no tuvieron

Veamos en los siguientes ejemplos cómo usar el pasado del verbo **to have** en oraciones negativas sencillas:

I didn't have a nice car

yo no tenía un buen auto

You didn't have a girlfriend

usted no tenía una novia

He didn't have a lovely family

él no tenía una familia encantadora

We didn't have a good relationship

nosotros no teníamos una buena relación

You didn't have a big group

ustedes no tenían un grupo grande

They didn't have an exam yesterday

ellos no tuvieron un examen ayer

Si deseas hacer preguntas con el verbo **to have** en pasado, usarás el auxiliar **did** al principio de la oración:

Did I have a nice car?

Did you have a girlfriend?

Did he have a lovely family?

Did we have a good relationship?

Did you have a big group?

Did they have an exam yesterday?

El pasado de los verbos regulares

Vamos a conocer cómo decir el pasado de los verbos. Muchos verbos forman el pasado simple agregando la terminación -d y -ed. Los verbos que forman su pasado de esta sencilla forma se llaman *verbos regulares*.

Veamos varios ejemplos de cómo forman el pasado algunos verbos regulares muy comunes. Hemos elegido unos verbos que tienen que ver con viajar.

Plan / Planned
planear
We planned the trip
nosotros planeamos el viaje

Reserve / Reserved
reservar
We reserved the hotel room
reservamos la habitación del hotel

Travel / traveled
viajar
We traveled by plane
viajamos en avión

Arrive / arrived
llegar
We arrived in the morning
llegamos a la mañana

Stay / stayed
hospedarse
We stayed at a hotel
nos hospedamos en un hotel

Rent / rented
alquilar
We rented a car
alquilamos un auto

Enjoy / enjoyed
disfrutar
We enjoyed it a lot
lo disfrutamos mucho

Practica con este ejercicio tan sencillo. Recuerda el pasado de estos verbos:

1) Plan _____

2) Reserve _____

3) Travel _____

4) Arrive _____

5) Stay_____

6) Rent _____

7) Enjoy_____

Key: 1. Planned 2. Reserved 3. Traveled 4. Arrived 5. Stayed 6. Rented 7. Enjoyed

El pasado de los verbos irregulares

Ya conocemos que los verbos regulares forman el pasado de una forma muy simple. Sin embargo, hay muchos verbos que no forman el pasado de una forma tan sencilla. De hecho, pueden cambiar desde sólo una letra hasta formando una palabra completamente distinta. Estos son los que se llaman *verbos irregulares.*

Lamentablemente, no existe una regla para saber cuándo un verbo es irregular ni tampoco cómo formar su pasado. Sólo queda el remedio de aprenderlo y memorizarlo. De todas maneras, hemos agrupado aquellos que forman el pasado de manera similar, para que puedas recordarlos con más facilidad.

Hay verbos que no cambian, como por ejemplo:

Hurt / hurt
lastimarse
I hurt my hand
me lastimé la mano

Let / let
dejar
She let them in
ella los dejó pasar

Hay verbos que sólo cambian una letra, como por ejemplo:

Make / made
hacer
She made a cake
ella hizo una torta

Know / knew
saber
She knew the answer
ella sabía la respuesta

Come / came
venir
She came to the party
ella vino a la fiesta

Hay verbos que agregan una «t» al final, como por ejemplo:

Build / built
construir
They built a hotel
ellos construyeron un hotel

Send / sent
enviar
I sent an email
envié un e-mail

Te hemos preparado este sencillo ejercicio. Escribe el pasado de los siguientes verbos:

1) Send_____   5) Hurt_____
2) Come_____   6) Make_____
3) Let_____   7) Enjoy_____
4) Build_____   8) Know_____

Key: 1. Sent 2. Came 3. Let 4. Built 5. Hurt 6. Made 7. Enjoyed 8. Knew

El pasado de los verbos irregulares

Continuemos aprendiendo el pasado simple de los verbos irregulares.

Hay verbos que cambian varias letras, como por ejemplo:

Take / took
tomar
She took the train
ella tomó el tren

Leave / left
partir
I left early
partí temprano

Think / thought
pensar
I thought she was a teacher
pensé que era maestra

Buy / bought
comprar
She bought a coat
ella se compró un abrigo

Break / broke
romper
He broke a glass
él rompió un vaso

Find / found
encontrar
I found the keys
encontré las llaves

Y, finalmente, hay verbos que cambian completamente, como por ejemplo:

Go / went
ir
They went to the movies
ellos fueron al cine

Be / was, were
ser o estar
She was happy
ella estaba contenta
They were happy
ellos estaban contentos

Hay excepciones como el verbo **to read** (significa leer). Este verbo se escribe igual pero cambia su pronunciación:

Read [ri:d] / read [red]
leer
I read her book
leí su libro

Practica ahora con este ejercicio. Trata de recordar el pasado de estos verbos:

1) Be_____　6) Think _____
2) Read_____　7) Go_____
3) Buy_____　8) Leave_____
4) Find_____　9) Take _____
5) Break_____

Key: 1. Was, were 2. Read 3. Bought 4. Found 5. Broke 6. Thought 7. Went 8. Left 9. Took

El pasado de los verbos irregulares en preguntas y negaciones

Los verbos irregulares forman su pasado igual que los regulares. Es decir, debes usar **didn't** y el infinitivo del verbo, es decir, la forma sin conjugar. Fíjate cómo se forman las oraciones negativas en el pasado:

I went
I didn't go

I went to the movies
I didn't go to the movies

He left
He didn't leave

He left by plane
He didn't leave by plane

You bought
You didn't buy

You bought that car
You didn't buy that car

Del mismo modo, para hacer preguntas en pasado simple con los verbos irregulares, la manera de hacerlo es igual que con los verbos regulares. Es decir, colocas el auxiliar **did** al principio de la oración:

Did you go to the movies?

Did he leave by plane?

Did you buy that car?

Vamos a practicar lo aprendido con un sencillo ejercicio. Transforma estas oraciones afirmativas en negativas.

1) We stayed at a hotel

_____

2) I took the train

_____

Y ahora transfórmalas en preguntas:

3) They stayed at a hotel

_____

4) You took the train

_____

Key: 1. We didn't stay at a hotel 2. I didn't take the train 3. Did they stay at a hotel? 4. Did you take the train?

LA VIDA EN LOS ESTADOS UNIDOS

Las tarjetas de crédito y las de débito

Ten mucho cuidado con las tarjetas de crédito. Procura no usarlas a no ser que sea una emergencia. Es verdad que te permiten pagar más tarde, pero los intereses que te van a cobrar son muy caros y si luego no puedes pagarlos, aparece en tu historial de crédito (las personas que no pagan sus deudas son reportadas al Buró de crédito) y tu futuro financiero en el país se te complicará mucho. Nadie más te prestará dinero.

Solicita en tu banco una debit card o tarjeta de débito. No cuesta nada (es gratis) y te debita automáticamente de tu cuenta, sin cobrar intereses de ningún tipo. De este modo, no caerás en el peligro del crédito y cuando de verdad necesites que te presten dinero (para comprar una casa, por ejemplo) obtendrás las mejores condiciones. Una debit card te sirve además para crear tu historial de crédito.

LA VIDA EN LOS ESTADOS UNIDOS

El sistema de bibliotecas públicas

Las Bibliotecas Publicas de Estados Unidos son un fabuloso servicio que te ofrece la comunidad, y es totalmente gratuito. Una vez registrado, puedes tomar prestados libros, ir cuantas veces lo desees a leer y estudiar, y usar las computadoras que están al servicio del público sin coste alguno. Además, te ofrecerán un entorno tranquilo y acogedor donde poder leer y estudiar tranquilo y cómodo. ¡No desaproveches esta oportunidad!

Cómo transportarte por Estados Unidos

Para transportarte por los Estados Unidos, además de los aviones, tienes los autobuses y los trenes. La compañía más grande de buses es GREYHOUND, y la de trenes, AMTRAK. Cuando llega un feriado largo es bueno que reserves con anticipación, pues te puedes quedar sin lugar si esperas al último momento.

Los americanos viajan mucho por el país para los feriados y todos los medios de comunicación se llenan al completo. La fecha en la que más se viaja por el país es Thanksgiving o Accion de Gracias. El americano tiene mucha movilidad y suele vivir en muchos lugares del país a lo largo de su vida, por lo que cuando hay reunión familiar implica que toca viajar para poder estar juntos.

PARA QUE PRACTIQUES POR TU CUENTA
sin pagar un centavo

Te recomendamos hacerte con una libreta o cuaderno donde anotes todas las palabras y expresiones que aprendas siguiendo los trucos de aprendizaje que te mostramos en esta sección. Anota todo lo que te llama la atención y escribe también su significado. Repasar frecuentemente tus notas te ayudará a memorizar el inglés que irás aprendiendo por tí mismo. Es una forma entretenida y muy efectiva para aprender inglés sin pagar un centavo por ello. ¡Aprovéchalo!

Los folletos publicitarios de los bancos

Para familiarizarte con el vocabulario que se usa en los bancos y en cuestiones relativas al dinero hay un truco muy sencillo que es tomar los folletos de los bancos donde informan los distintos servicios que ofrecen. Todos estos folletos suelen estar en inglés y en español.

Pide ambos, inglés y español, y familiarízate con las palabras, expresiones y su significado. ¡Ni siquiera vas a necesitar el diccionario esta vez!

PARA QUE PRACTIQUES POR TU CUENTA
sin pagar un centavo

El corrector ortográfico en las computadoras

Si dispones de computadora o acceso a ella, dispondrás de una herramienta asombrosa que te servirá de profesor gratis. Escribe un texto en inglés (escuchándolo o traduciendo del español) y al terminar elige la opción de «Check Spelling and Grammar». La computadora revisará tu texto y te indicará una a una dónde hay una palabra mal escrita o un texto mal redactado gramaticalmente.
¡Es un profesor gratis en casa!

Ejercita tu inglés antes de una reunión importante

Si te diriges a una reunión importante en la que se va hablar en inglés y quieres dar lo máximo de tu nivel de inglés, es bueno que llegues a la reunión habiendo tenido lo que se llama «minutos de pre-calentamiento». Esta técnica es muy sencilla. Consiste en «calentar» el oído y tu conversación al idioma inglés, para no llegar a la reunión y arrancar de pronto en un idioma que no es el tuyo. Para hacerlo, no hay más que, al ir hacia la reunión, escuches la radio en inglés o CDs en inglés para «calentar» el oído. Si puedes, haz lo mismo pero hablando tú en inglés, hablándote a tí mismo. Lo importante es que llegues a la reunión con varios minutos de inglés escuchado y hablado. Así no llegas en «frío» ni arrancas de cero.

EJERCICIOS

A Escribe en inglés cómo dirías las siguientes expresiones:

1. Disculpa, no entiendo

_____

2. ¿Qué significa *bad*?

_____

3. ¿Puede hablar más alto?

_____

4. Yo tenía un buen auto

_____

5. Juan tenía una familia encantadora

_____

6. Yo no tenía un buen auto

_____

7. ¿Tenías una buena casa?

_____

8. Viajamos en avión

_____

9. Me lastimé la mano

_____

10. Pensé que era su hermana (de él)

_____

Key: 1) I'm sorry, I don't understand ; 2) What does bad mean? ; 3) Could you speak louder? ; 4) I had a nice car ; 5) Juan had a lovely family ; 6) I didn't have a nice car ; 7) Did you have a good house? ; 8) We traveled by plane ; 9) I hurt my hand ; 10) I thought she was his sister

EJERCICIOS

B Escribe en inglés:

1. Más lentamente

2. Más alto

3. Significar

4. Hospedarse

5. Alquilar

6. Disfrutar

7. Construir

8. Saber

Key: 1) More slowly ; 2) louder ; 3) mean ; 4) stay ; 5) rent ; 6) enjoy ; 7) build ; 8) know

C Transforma estas oraciones afirmativas en negativas:

1) We had an opportunity_____

2) I had many friends _____

3) They had problems _____

Y estas oraciones negativas en preguntas:

4) We didn't have a car_____

5) I didn't have money_____

6) She didn't have many friends_____

Key: 1. We didn't have an opportunity 2. I didn't have many friends 3. They didn't have problems 4. Did we have a car? 5. Did you have money? 6. Did she have many friends?

APUNTES

SUMARIO

Los comparativos

Vamos a aprender cómo usar los comparativos en inglés. Cuando quieres hacer comparaciones, puedes usar las palabras **as...as**, que quieren decir *tan...como*. Veamos los siguientes ejemplos:

As rich as

tan rico como

Peter is as rich as Linda

Peter es tan rico como Linda

As nice as

tan bueno como

My car is as nice as yours

mi auto es tan bueno como el tuyo

No obstante, hay excepciones, como en los siguientes ejemplos, en los que la forma comparativa se forma cambiando la palabra:

Good / bien

Better / mejor

Bad / mal

Worse / peor

Far / lejos

Farther / further

más lejos

Cuando las comparaciones son desiguales, puedes hacerlas de dos maneras:

1) Si el adjetivo es corto o termina en **-y**, le agregas **-er**.

Rich / rico

Richer / más rico

Young / joven

Younger / más joven

Happy / feliz

Happier / más feliz

2) Si el adjetivo es más largo, se usa **more**, que quiere decir *más* o **less**, que quiere decir *menos*:

Difficult / difícil

More difficult / más difícil

Important / importante

More important / más importante

Los comparativos

Continuemos aprendiendo sobre las comparaciones en inglés. También puedes hacer comparaciones diciendo que algo o alguien es lo mejor.

Veamos los diferentes casos que se pueden dar:

1) Si el adjetivo es corto, debes agregar **the** y la terminación **–est** al adjetivo, como en los siguientes ejemplos:

The biggest / el más grande

The biggest car

el auto más grande

The strongest / el más fuerte

The strongest man

el hombre más fuerte

2) Si el adjetivo es más largo, debes agregarle **the most** o **the least**:

The most difficult

el más difícil

The most difficult exam

el examen más difícil

The most important

el más importante

The most important person

la persona más importante

No obstante, hay excepciones, como en los siguientes ejemplos, en los que la forma comparativa se forma cambiando la palabra:

The best

el mejor

The best house

la mejor casa

The worst

el peor

The worst scenario

el peor escenario

The farthest

el más alejado

The farthest town

el pueblo más alejado

Practica con el siguiente ejercicio. Escribe estas frases en inglés:

1) El auto más rápido

2) La más joven

3) El idioma más difícil

4) La peor película

5) El menos interesante

Key: 1. The fastest car. 2.The youngest. 3. The most difficult language. 4. The worst movie. 5. The least interesting.

Conclusiones sobre el pasado simple

En anteriores páginas hemos aprendido cómo usar el pasado simple en inglés. El pasado simple es el tiempo verbal que se usa para describir acciones y situaciones que empezaron y terminaron en el pasado. Por ejemplo:

Last January we went to ski

En enero pasado fuimos a esquiar

Por último, es muy frecuente el uso de la expresión ...**ago**:

Ago

hace (un tiempo específico)

I arrived two days ago

llegué hace dos días

I bought the car one week ago

compré el auto hace una semana

**I finished my class
one month ago**

terminé mi clase hace un mes

**I subscribed to Newsweek
one year ago**

me suscribí a Newsweek hace un año

Generalmente se usa con palabras que refuerzan la idea de acción terminada, como por ejemplo:

Yesterday / ayer
I missed my class yesterday

me perdí mi clase ayer

También se usan mucho el pasado simple con la combinación de **last** más otra palabra, como por ejemplo:

Last night / anoche
I arrived last night

llegué anoche

Last Monday / el pasado lunes
I sent the letter last Monday

mandé la carta el pasado lunes

Last week / la pasada semana
I bought the car last week

compré el auto la semana pasada

Last month / el mes pasado
I finished my class last month

terminé mi clase el mes pasado

Last year / el año pasado
**I subscribed to
Newsweek last year**

me suscribí a Newsweek el año pasado

El pasado continuo

Terminado ya de estudiar el pasado simple, vamos a conocer un nuevo tiempo verbal del pasado que no es otro que el *pasado continuo*.

Este tiempo verbal se forma con el verbo **was** o **were**, más otro verbo terminado en **-ing**.

You were resting
tú estabas descansando

It was raining
estaba lloviendo

Usamos el pasado continuo para describir una acción que estaba ocurriendo en un determinado momento del pasado, por ejemplo, a las 11 de la mañana de ayer. Veamos unos sencillos ejemplos:

También se puede usar con **when** y el pasado simple para describir lo que estaba pasando cuando ocurrió algún otro hecho, por ejemplo cuando tú llamaste.

I was studying at 8 o'clock
yo estaba estudiando a las 8 en punto

It was raining yesterday
estaba lloviendo ayer

I was sleeping when you called
yo estaba durmiendo cuando tú llamaste

It was raining when she left
estaba lloviendo cuando ella se fue

Hemos preparado este sencillo ejercicio para que practiques con el tiempo verbal del pasado continuo. Escribe estas frases en inglés:

1) Yo estaba mirando televisión esa noche

_____

2) Yo estaba mirando televisión cuando llamaste

_____

3) Estaba lloviendo

_____

4) Estaba lloviendo cuando ella se fue

_____

Key: 1. I was watching TV that night 2. I was watching TV when you called 3. It was raining 4. It was raining when she left.

Ubicar y dar instrucciones para llegar a un lugar

Aprendamos cómo usar expresiones que sirven para ubicar un lugar. Fíjate en estas palabras y expresiones que indican ubicación:

On / en
I live on South Ave
vivo en South Ave

At / en el...
I live at 1512 South Ave
vivo en el 1512 de South Ave

Next to / junto a
I live next to the pharmacy
vivo junto a la farmacia

Across from / frente a
I live across the Post Office
vivo frente a Correos

Between / entre
I live between the pharmacy and the pawn shop
vivo entre la farmacia y la casa de empeños

On the corner of /en la esquina de
I live on the corner of South Ave and Main Street
vivo en la esquina de South Ave con Main Street

Near / cerca
I live near the supermarket
vivo cerca del supermercado

Far / lejos
I live far from the bus station
vivo lejos de la estación de buses

Aprendamos las expresiones más comunes para dar direcciones para llegar a un lugar. Empecemos por preguntar cómo llegar a un lugar. En este caso, puedes hacer esta pregunta, usando el verbo **to get**:

How do I get to the park?
¿Cómo puedo llegar al parque?
How do I get to the bank?
¿Cómo puedo llegar al banco?

Para dar instrucciones para llegar a un lugar, darás lo que en inglés se dice **directions**:

Turn / doble (gire)
Turn right / doble a la derecha
Turn left / doble a la izquierda
Go straight ahead / siga derecho
Cross / cruce
Take a right / tome a la derecha
Take a left / tome a la izquierda
Take the first right
tome en la primera calle a la derecha
Take the second left
tome en la segunda calle a la izquierda
Take exit 141 / tome la salida 141

Practiquemos las **directions** con el siguiente diálogo:

Go straight ahead for two blocks / siga derecho dos cuadras
Turn left on Main Street / doble a la izquierda en la Main Street
Turn right on Unity Road / doble a la derecha en Unity Road
Cross the avenue / cruce la avenida
The hotel's on the corner of Main and Unity
el hotel está en la esquina de Main y Unity
You cant miss it! / ¡No puede perderse!

Expresando frecuencia

Vamos a aprender las expresiones más usadas para expresar frecuencia.

Hay frases que acompañan a las anteriores expresiones y que se usan muy a menudo:

Para saber con cuánta frecuencia sucede algo, puedes hacer esta pregunta:

How often?
¿Cada cuánto? ¿Con qué frecuencia?

How often does she travel?
¿Cada cuánto viaja?

How often does he visit you?
¿Cada cuánto te visita?

A day / al día

I buy bread once a day
compro pan una vez al día

A week / a la semana

I go to the movies twice a week
voy al cine dos veces por semana

A month / al mes

I eat out once a month
como afuera una vez al mes

A year / al año

I travel to Mexico twice a year
viajo a Mexico dos veces por año

Las respuestas pueden ser del tipo:

Once / una vez

Twice / dos veces

Often / a menudo

Very often / muy a menudo

Cuando la frecuencia es mayor, usas la palabra **times**, que quiere decir *veces*:

Three times / tres veces

Five times / cinco veces

A hundred times / cien veces

Los adverbios

¿Qué son los adverbios?

Los **adverbios** son palabras que modifican un verbo, a un adjetivo o a otro adverbio y que se forman , por lo general, agregando la terminación **-ly** a un adjetivo:

Perfect / perfectly
perfectamente

Quick / quickly
rápidamente

Careful / carefully
cuidadosamente

Veamos ejemplos de adverbios modificando a un verbo:

Peter passed the exam perfectly
Peter pasó el examen perfectamente

They came quickly
ellos vinieron rápidamente

Y ahora veamos ejemplos de adverbios que modifican a un adjetivo:

Linda is incredibly beautiful
Linda es increíblemente bella

Antonio is really funny
Antonio es realmente divertido

Por último, veamos ejemplos de adverbios que modifican a otros adverbios, como por ejemplo los adverbios **very**, **extremely** y **quite**.

Melanie drives extremely slowly
Melanie maneja extremadamente lenta

Juan runs very quickly
Juan corre muy rápidamente

The turtle walks quite slowly
la tortuga camina bastante lentamente

Hemos de tener en cuenta que algunos adverbios no terminan en **-ly**, sino que son *iguales* a algunos adjetivos. Veamos algunos ejemplos:

Fast
rápido / rápidamente

Juan runs fast
Juan corre rápidamente

Late
tarde / tarde

Sorry, I arrived late
lo siento, llegué tarde

Hard
duro / duramente

Jessica worked hard
Jessica trabajó duramente

LA VIDA EN LOS ESTADOS UNIDOS

Romper el hielo con la persona que te gusta

Cuando se trata de conquistar a la persona que te gusta, hay que tener en cuenta que los hábitos de los americanos son distintos a los nuestros. Hay que elegir el momento oportuno para entablar el primer contacto con esa persona.

Lo ideal es que alguien te pueda presentar a esa persona, no abordarla sin presentación alguna, pues el americano es desconfiado con las personas que no conoce. También ayuda el hecho de formar parte de un mismo grupo. Si lo que te interesa es conocer gente, lo mejor es apuntarte a grupos locales de actividades (deportes, música, etc.) y participar seguido en ellos.

LA VIDA EN LOS ESTADOS UNIDOS

Cómo arrancar tu propio negocio

Si lo que deseas es abrir tu propio negocio, en Estados Unidos contarás con muchas organizaciones que te asistirán a ello. ¡Por algo es el país de los emprendedores!. Existen mucho planes (varían según el Estado donde estés) para ayudar a los emprendedores de nuevos negocios.

La búsqueda en Internet es una manera simple y fácil de acceder a esa información. Si no puedes acceder por Internet, pregunta en tu biblioteca dónde puedes encontrar información al respecto o acude a entidades como la Administración para Pequeños Negocios (SBA) para que te orienten.

La necesidad de obtener tu licencia de actividad

En Estados Unidos, la mayoría de los negocios requieren la obtención de permisos o licencias para ejercer la actividad, como es el caso de restaurantes, salones de belleza, plomeros, etc. Prácticamente todas la actividades están vinculadas a permisos que otorgan los condados o el Estado.

Para saber qué requerimientos existen para cada actividad, lo mejor es acudir al City Council o gobierno de su ciudad para que le indiquen los pasos que hay que seguir.

PARA QUE PRACTIQUES POR TU CUENTA
sin pagar un centavo

Te recomendamos hacerte con una libreta o cuaderno donde anotes todas las palabras y expresiones que aprendas siguiendo los trucos de aprendizaje que te mostramos en esta sección. Anota todo lo que te llama la atención y escribe también su significado. Repasar frecuentemente tus notas te ayudará a memorizar el inglés que irás aprendiendo por tí mismo. Es una forma entretenida y muy efectiva para aprender inglés sin pagar un centavo por ello. ¡Aprovéchalo!

Cómo aprender el inglés romántico

Si deseas aprender el inglés para conquistar a la persona que te gusta no hay más remedio que conocer las palabras que se usan en las situaciones románticas. ¿A quién no le gusta decir en ese momento íntimo lo que quiere transmitir al otro?

Para practicar ese inglés romántico, no hay nada mejor que ver una película romántica o escuchar canciones de amor, y prestar atención al vocabulario empleado, tan lindo, y anotando en tu libreta las palabras y frases que más te gusten.

PARA QUE PRACTIQUES POR TU CUENTA
sin pagar un centavo

Para vencer el pánico a no entender nada

Cuando estés es una reunión que se hable en inglés, puedes sentir a veces lo que se llama el «pánico al idioma». La sensación es que crees que no entiendes nada de los que se habla y que no te van a entender cuando hables.

En esos momentos, tu mente se desconcentra y te sientes perdido. Lo que tienes que hacer es volver al control de la situación mediante el autoconvencimiento de que tú puedes entender y tú puedes hablar en inglés y que te entiendan.

Verás como pasados unos instantes, sientes que vuelves a entenderlo todo y a participar de la conversación.

El vocabulario sobre el tiempo

Si quieres saber más de los términos usados sobre el clima y ampliar tu vocabulario, puedes poner la televisión en los canales del tiempo, como por ejemplo The Weather Channel y mirarlo con frecuencia.

Los periodistas usan todas las expresiones populares del clima y las descripciones salen escritas en la pantalla.

¡Es una clase gratis de vocabulario ! ¡Aprovéchala!

EJERCICIOS

A Escribe en inglés cómo dirías las siguientes expresiones:

1. ¿Disculpe?

2. No entendí su nombre

3. Llegué tarde

4. Tan bueno como

5. El auto más grande

6. El hombre más fuerte

7. El peor escenario

8. La persona más importante

9. Yo estaba descansando

10. Ayer estaba lloviendo

Key: 1) Excuse me? : 2) I didn't catch your name : 3) I was late : 4) As good as : 5) The biggest car : 6) The strongest man : 7) The worst scenario : 8) The most important person : 9) I was resting : 10) It was raining yesterday

EJERCICIOS

B Escribe en inglés:

1. Frente a

_____

4. Cerca

_____

7. Cruzar

_____

2. Junto a

_____

5. Lejos

_____

8. A menudo

_____

3. En la esquina de

_____

6. Doblar a la izquierda

_____

Key: 1) Across ; 2) Next to ; 3) In the corner of ; 4) Near ; 5) Far ; 6) Turn to the left ; 7) Cross ; 8) Often

C Escribe en inglés usando los adverbios de frecuencia:

1) Compro pan una vez al día

_____

2) Descanso dos veces al día

_____

3) Viajo una vez al mes

_____

4) Viaja cinco veces al año

_____

5) Nos visitas tres veces a la semana

_____

6) Viene a menudo

_____

Key: 1) I buy bread once a day ; 2) I rest twice a day ; 3) I travel once a month ; 4) I travel five times a year ; 5) You visit us three times a week ; 6) She comes often

APUNTES

CAPITULO
· 13 ·

SUMARIO

Los números ordinales

El presente perfecto

El uso de **since** y **for** con el presente perfecto

El futuro

El uso de **may** y **could** para expresar posibilidad

El lenguaje del tiempo

La vida en los Estados Unidos

Para que practiques por tu cuenta sin pagar un centavo

Ejercicios

Apuntes

Los números ordinales

¿Qué son los números ordinales? Los **números ordinales** son los números que usamos cuando queremos expresar orden relativo. Vamos a aprender los números ordinales en inglés:

First	primero
Second	segundo
Third	tercero
Fourth	cuarto
Fifth	quinto
Sixth	sexto
Seventh	séptimo
Eighth	octavo
Ninth	noveno
Tenth	décimo

Los restantes números ordinales se forman agregando «th» al final del número cardinal. Veamos algunos ejemplos:

Eleventh	undécimo
Twelfth	duodécimo
Thirteenth	decimotercero
Fourteenth	decimocuarto
...	
Twentieth	vigésimo
...	
Ninetieth	nonagésimo

Los números ordinales se usan mucho para indicar el orden relativo, es decir, el orden en que sucede o está ubicado algo o alguien:

My sister is the third on the left

mi hermana es la tercera de la izquierda

Mail it third class

envíalo por correo de tercera clase

Cuando el número es compuesto, el ordinal se dice al final. Veamos varios ejemplos:

Twenty-first

vigésimo primero

Thirty-fourth

trigésimo cuarto

También se usa mucho para decir las fechas:

Independence Day is July fourth

el día de la Independencia es el cuatro de julio

Linda was born on January first

Linda nació el primero de enero

Otro uso es para decir por ejemplo el piso en el que alguien vive:

The Smiths live on the fifth floor

los Smith viven en el quinto piso

El presente prefecto

Vamos a aprender ahora a formar frases usando el tiempo verbal conocido como presente perfecto.

El **presente perfecto** es el tiempo verbal que usamos, por ejemplo, cuando queremos describir acciones o situaciones que comenzaron en el pasado y siguen sucediendo en la actualidad. Veamos un sencillo ejemplo:

I'm in love with Linda since I first met her

Estoy enamorado de Linda desde el día que la conocí

Esta frase quiere decir que me enamoré de Linda cuando la conocí y sigo enamorado de ella a día de hoy.

En los *verbos regulares,* como **live** y **work**, el participio es igual al pasado.

En los *verbos irregulares,* el participio es a veces igual al pasado, como en el verbo **win**, cuyo pasado y participio es **won**. En otros casos es diferente, como en el verbo **to be**, cuyo pasado es **was** o **were** y el participio es **been**.

El presente perfecto se forma usando el verbo **to have**, que quiere decir *haber*, y otro *verbo en participio*, que es una forma especial del verbo. Practiquemos con los siguientes ejemplos:

Has been / ha sido

Luis has been my husband for 20 years
Luis ha sido mi marido por 20 años

Has lived / ha vivido

The Smiths have lived here since 1988
los Smith han vivido aquí desde 1988

Has worked / ha trabajado

Peter has worked here for five years
Peter ha trabajado aquí por cinco años

Practica con el siguiente ejercicio. Recuerda el participio de estos verbos:

1) He was
2) She won
3) He lived
4) She worked

Key: 1. He has been 2. She has won 3. He has lived 4. She has worked

El uso de **since** y **for** con el presente perfecto

Since indica el comienzo de la acción o situación que describes y que continúa en la actualidad. Veamos un ejemplo sencillo:

Cuando usamos el presente perfecto, muchas veces usaremos las palabras **since** y **for**. Since quiere decir *desde* y **for** quiere decir *durante*.

I've lived in Los Angeles since I left Mexico

He vivido en Los Angeles desde que salí de Mexico

Antonio has worked for ATT since 1995

Antonio ha trabajado en ATT desde 1995

Linda has driven the Honda since she sold the Toyota

Linda ha manejado el Honda desde que vendió el Toyota

For indica a su vez la duración de un acción o situación. Veamos unos sencillos ejemplos:

I've lived in Los Angeles for seven years

He vivido en Los Angeles por siete años

Steven has worked here for a year

Steven ha trabajado aquí durante un año

Veamos ejemplos de diálogos sencillos donde se usa **since** y **for**:

How long have you lived in Miami?

¿Por cuánto tiempo has vivido en Miami?

Since two years ago

Desde hace dos años

For two years

Por dos años

Have you worked here for a long time?

¿Has trabajado aquí por mucho tiempo?

Since I left ATT

Desde que dejé ATT

For five years

Por cinco años

El futuro

Vamos a aprender una manera sencilla de expresarnos en futuro.

Es muy común contraer el auxiliar **will**, que se contrae de esta manera:

I'll stay

He'll stay

They'll stay

You'll stay

We'll stay

En inglés, una de las maneras de hablar sobre el futuro es usar los auxiliares **will** y **going** to, para describir acciones o situaciones que estás seguro que ocurrirán en el futuro. Veamos los siguientes ejemplos:

I will stay
I'm going to stay
Me quedaré

I will return
I'm going to return
Volveré

Escucharás muy a menudo el auxiliar **going to** pronunciado como *gonna*:

I'm gonna stay
I'm gonna return

En conversaciones formales es mejor que no lo utilices, pues es una forma bastante informal de hablar. Pero debes estar preparado para entender a un nativo cuando lo use.

Cuando hablas en futuro, puedes usar ciertas palabras que refuerzan lo que dices, como en los siguientes ejemplos:

Tomorrow / mañana
I'll leave tomorrow
marcharé mañana

Next year / el próximo año
Peter will buy a car next year
Peter comprará un auto el año próximo

Next weekend / próximo final de semana
I'll stay until next weekend
me quedaré hasta el próximo final de semana

On Monday / el lunes
Classes will start on Monday
las clases empezarán el lunes

This afternoon
esta tarde

Linda will return this afternoon
Linda regresará esta tarde

El futuro

También se usan los auxiliares **will** y **going to** para hacer predicciones sobre lo que sucederá en el futuro, como en los ejemplos que veremos a continuación:

Linda will find a boyfriend soon
Linda encontrará un novio pronto

Fernando will be a great car driver
Fernando será un gran piloto de autos

Marc is going to be a great journalist
Marc va a ser un gran periodista

Jean Pierre is going to be an athlete
Jean Pierre va a ser un atleta

Es común agregar alguna de estas palabras cuando estás haciendo predicciones:

Maybe / quizá

Maybe I will buy the car
quizá compraré el auto

Probably / probablemente

I will probably buy the car
probablemente compraré el auto

Para expresar negaciones en futuro, incluímos **not** entre el auxiliar **will** y el verbo en infinitivo. En este caso **will not** se contrae y forma **won't**, como vemos en los ejemplos:

The Parras won't come back soon
Los Parra no volverán pronto

The Blancos won't leave today
Los Blanco no se marcharán hoy

Susan is not going to work anymore
Susan no va a trabajar más

También puedes usar el auxiliar **will** para hacer promesas:

Don't worry, I'll talk to her
no te preocupes, hablaré con ella

I'll always love you
siempre te amaré

Practica con este sencillo ejercicio. Di estas oraciones en inglés:

1) Ella te va a llamar
2) Él no va a venir
3) Quizá los invite
4) Siempre te amaré

Key: 1. She's going to call you 2. He won't come 3. Maybe I'll invite them 4. I'll always love you

El uso de **may** y **could** para expresar posibilidad

Vamos a aprender cómo expresar que algo es posible en el futuro.

¿Cómo se expresa la posibilidad en oraciones negativas? Veámoslo en los siguientes ejemplos:

Para hablar de posibilidad en el futuro, puedes usar los auxiliares **may**, **might** y **could**, que significan *puede, es posible, quizás*. Veamos los siguientes ejemplos cotidianos:

Linda may come tomorrow
Linda puede que venga mañana

It might rain later
puede llover más tarde

I could come back to the shop
puede que regrese a la tienda

Linda may not come tomorrow
Linda puede que no venga mañana

It might not rain later
puede no llover más tarde

I could not come back to the shop
puede que no regrese a la tienda

Practica lo aprendido con este sencillo ejercicio. Transforma las oraciones negativas en afirmativas y viceversa:

1) It may rain

2) It might not be hot

3) It could be cloudy

4) It may not be cold

Y para hacer preguntas sobre posibilidad futura, usaremos alguna forma de futuro:

Is Linda going to come back tomorrow?
¿Va a volver Linda mañana?

Is it going to rain later?
¿Va a llover más tarde?

Could you come back to the shop?
¿Vas a volver a la tienda?

Key: 1. It may not rain 2. It might be hot 3. It might not be cloudy 4. It might be cold

El lenguaje del tiempo

Vamos a aprender el lenguaje referido a las predicciones del tiempo o metereológicas. Es lo que se llama en inglés el **weather forecast** o *previsión del tiempo*.

Para saber cómo está el tiempo, puedes hacer alguna de estas preguntas:

What's the weather like?
How's the weather?

Siempre que hablemos del tiempo, usaremos el pronombre **it**, que reemplaza a la palabra **weather**, que quiere decir *tiempo*. Veámoslo en las siguientes frases:

It's cold / está frío

It's hot / está caluroso

It's windy / está ventoso

It's rainy / está lluvioso

It's warm / está cálido

It's cool / está fresco

It's cloudy / está nubloso

It's snowing / está nevando

It's sunny / está soleado

Algunas palabras que debes conocer al referirte al tiempo son las siguientes:

Thunderstorm / tormenta
Hurricanes / huracán
Tornadoes / tornados
Showers / chubascos
Lows / mínimas
Highs / máximas
Dry / seco
Humid / húmedo
Hail / granizo

Practica con el siguiente ejercicio. Traduce el pronóstico para el fin de semana al español.

It will be cloudy. 1._____
It will be rainy. 2._____
It will be hot. 3._____
It will be very cold. 4._____
It will be windy. 5._____
It's going to snow. 6._____

Si quieres saber la temperatura, una pregunta muy común sería:

What's the temperature?

Key: 1. Estará nublado. 2. Estará lluvioso. 3. Hará calor. 4. Hará mucho frío. 5. Estará ventoso. 6. Va a nevar.

LA VIDA EN LOS ESTADOS UNIDOS

La necesidad de disponer de un plan médico

No te sorprendas si muchas de las medicinas que puedes comprar sin receta en tu país, aquí sólo se puedan obtener con una receta de un médico. En Estados Unidos hay muchos productos médicos que sólo se pueden conseguir con una receta médica. Es por eso tan importante la visita al médico y, como es tan cara, buscar algún tipo de plan médico que te cubra la mayor parte de los gastos médicos, que en este país son absurdamente altos.

Las propinas por el servicio de los meseros

En Estados Unidos los meseros reciben la mayor parte de los ingresos de las propinas de los clientes. Si el servicio ha sido correcto, se espera del cliente que deje un 15% de propina y si son grupos grandes, un 18% y hasta un 20%. Puede parecer un poco alto, pero ésa es la costumbre aquí, ya que el mesero casi no recibe salario o no recibe nada, más que las propinas.

LA VIDA EN LOS ESTADOS UNIDOS

Tu número de Social Security

La tarjeta del seguro social (Social Security) es tal vez el más importante documento que deben obtener los habitantes de este país.

La tarjeta en si no es un documento de identidad con foto, sino un sencillo trozo de cartulina azul con un número impreso: tu número de Seguro Social.

Este número es el que te identificará para todo y con el cual podrás obtener otros documentos oficiales y beneficios sociales. No des tu número de Seguridad Social a nadie, más que cuando te lo exijan en oficinas públicas y bancarias, o en trámites oficiales. Perderlo o que otra persona lo use sin tu consentimiento te puede traer consecuencias muy molestas. Es lo que se llama el «robo de identidad».

Cualquier acto delictivo que se haga con tu número de seguridad social afectará para siempre a tu historial particular. Si crees que lo has perdido o que alguien lo ha usado sin tu permiso, acude inmediatamente a la policía a denunciar este hecho.

Si no lo tienes aún, averigua qué pasos debes seguir para estar en situación de solicitar tu tarjeta de Seguridad Social. La consulta a un abogado es necesaria para recibir la información adecuada.

PARA QUE PRACTIQUES POR TU CUENTA
sin pagar un centavo

Te recomendamos hacerte con una libreta o cuaderno donde anotes todas las palabras y expresiones que aprendas siguiendo los trucos de aprendizaje que te mostramos en esta sección. Anota todo lo que te llama la atención y escribe también su significado. Repasar frecuentemente tus notas te ayudará a memorizar el inglés que irás aprendiendo por tí mismo. Es una forma entretenida y muy efectiva para aprender inglés sin pagar un centavo por ello.
¡Aprovéchalo!

Folletos informativos sobre temas de salud

En las farmacias encontrarás folletos con información sobre temas de salud. Estos folletos suelen estar en los dos idiomas: inglés y español.

Para mejorar tu vocabulario y expresiones sobre temas médicos, es muy útil practicar con estos materiales informativos, donde ni siquiera vas a tener que buscar en el diccionario, pues la traducción la encuentras en el mismo papel.

PARA QUE PRACTIQUES POR TU CUENTA
sin pagar un centavo

Escucha como piden su orden los americanos

Para practicar cómo se pide la comida en un restaurante, es bueno escuchar cómo lo hacen los americanos.

Para eso es muy útil sentarse en la barra de una cafetería o **diner**, donde al estar más cerca de los otros clientes podrás escuchar cómo piden sus órdenes.

El último consejo

Usa tu imaginación para buscar nuevas maneras de aprender ingles todos los días, en cualquier momento y en cualquier lugar.

Lo que hemos querido en esta sección ha sido darte una serie de ejemplos de cómo de las formas más sencillas que uno pueda imaginar, puede aprender inglés a toda hora.

Esperemos que te haya servido y que no dejes nunca de aprender y mejorar tu inglés. Estamos seguros de que lo conseguirás.

EJERCICIOS

A Escribe en inglés cómo dirías las siguientes expresiones:

1. Viajo en primera clase

2. Vivimos en el tercer piso

3. Su auto es el cuarto por la izquierda

4. He vivido en Boston por tres años

5. Vive aquí desde que salió de Honduras

6. Marcharé mañana

7. Siempre te amaré

8. Puede llover más tarde

9. Puede que Linda no venga

10. Estudiaré inglés el año que viene

Key: 1) I travel first class ; 2) We live on the third floor ; 3) Her car is the fourth on the left ; 4) I've lived in Boston for three years ; 5) She lives here since she left Honduras ; 6) I'll leave tomorrow ; 7) I'll always love you ; 8) It may rain tomorrow ; 9) Linda may not come ; 10) I'll study English next year

EJERCICIOS

B Escribe en inglés:

1. Frío	4. Cálido	7. Húmedo
2. Caluroso	5. Soleado	8. Chubascos
3. Lluvioso	6. Fresco	

Key: 1) Cold ; 2) Hot ; 3) Rainy ; 4) Warm ; 5) Sunny ; 6) Cool ; 7) Humid ; 8) Showers

C Escribe estas frases usando el futuro simple
Ejemplo: **He studies hard** sería *He will study hard*.

1) Peter descansa

2) Yo vengo a menudo

3) Linda estudia en la biblioteca

4) Marc tiene dos hijas

5) Jean Pierre viaja en primera clase

6) Fernando compra un auto

Key: 1) Peter will rest ; 2) I'll come often ; 3) Linda will study at the library ; 4) Marc will have two daughters; 5) Jean Pierre will travel first class ; 6) Fernando will buy a car

APUNTES

PREGUNTAS DE CIUDADANÍA

1

What are the colors of our flag?

¿Cuáles son los colores
de nuestra bandera?

2

What do the stars on the flag mean?

¿Cuál es el significado de las
estrellas de la bandera?

3

How many stars are there on our flag?

¿Cuántas estrellas hay
en nuestra bandera?

4

What color are the stars on our flag?

¿De qué color son las estrellas
de nuestra bandera?

Red, white, and blue

Rojo, blanco y azul

1

One for each state

Una por cada estado

2

There are 50 stars on our flag

En nuestra bandera
hay 50 estrellas

3

The stars on our flag are white

Las estrellas de nuestra
bandera son blancas

4

5

How many stripes are there on our flag?

¿Cuántas franjas tiene nuestra bandera?

6

What do the stripes on the flag represent?

¿Qué representan las franjas de la bandera?

7

What colors are the stripes on the flag?

¿De qué colores son las franjas de la bandera?

8

How many states are there in the Union (the United States)?

¿Cuántos estados hay en la Unión norteamericana (los Estados Unidos)?

There are 13 stripes on our flag

Nuestra bandera tiene 13 franjas

5

The first 13 states

Los primeros 13 estados

6

The stripes on the flag are red and white

Las franjas de la bandera son rojas y blancas

7

50 states

50 estados

8

9

What do we celebrate on the 4th of July?

¿Qué celebramos el día 4 de julio?

10

Independence Day celebrates independence from whom?

¿De quién obtuvimos la independencia que celebramos?

11

What country did we fight during the Revolutionary War?

¿Contra qué país peleamos durante la Guerra de la Revolución?

12

Who was the first president of the United States?

¿Quién fue el primer Presidente de los Estados Unidos?

Independence Day

El Día de la Independencia

9

Independence from Great Britain

Obtuvimos nuestra independencia de la Gran Bretaña

10

We fought Great Britain in the Revolutionary War

Durante la Guerra de la Revolución, peleamos contra Gran Bretaña

11

George Washington

George Washington

12

13

Who is the President of the United States today?

¿Quién es actualmente el Presidente de los Estados Unidos?

14

Who is the Vice President of the United States today?

¿Quién es actualmente el Vicepresidente de los Estados Unidos?

15

Who elects the President of the United States?

¿Quién elige al Presidente de los Estados Unidos?

16

Who becomes President if the President dies?

¿Quién asume la presidencia si el Presidente fallece?

George W. Bush

George W. Bush

13

Dick Cheney

Dick Cheney

14

The Electoral College

El Colegio Electoral

15

The Vice President

El Vicepresidente

16

17

What is the Constitution?

¿Qué es la Constitución?

18

What do we call changes to the Constitution?

¿Con qué nombre designamos los cambios a la Constitución?

19

How many changes, or amendments, are there to the Constitution?

¿Cuántas modificaciones, o Enmiendas, se han hecho a la Constitución?

20

What are the three branches of our government?

¿Cuáles son las tres ramas de poder de nuestro gobierno?

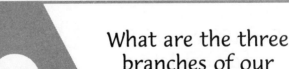

The supreme law of the land

La ley suprema de la nación

17

Amendments

Enmiendas

18

Twenty-seven amendments

Veintisiete Enmiendas

19

Executive, Judicial, and Legislative

La rama del Poder Ejecutivo, la del Poder Judicial y la del Poder Legislativo

20

21

What is the legislative branch of our Government?

¿Cuál es el Poder Legislativo de nuestro sistema de Gobierno?

22

What makes up Congress?

¿Qué entidades forman el Congreso?

23

Who makes the Federal laws in the United States?

¿Quién crea las leyes federales de los Estados Unidos?

24

Who elects Congress?

¿Quién elige al Congreso?

Congress

El Congreso

21

The Senate and the House of Representatives

El Senado y la Cámara de Representantes

22

Congress

El Congreso

23

The citizens of the United States

Los ciudadanos de los Estados Unidos

24

25

How many Senators are there in Congress?

¿Cuántos Senadores hay en el Congreso?

26

For how long do we elect each Senator?

¿Por cuánto tiempo elegimos a cada Senador?

27

Name two Senators from your state

Mencione a los dos Senadores del estado donde usted vive

28

How many voting members are in the House of Representatives?

¿Cuántos miembros con derecho a votar hay en la Cámara de Representantes?

There are 100 Senators
in Congress, 2 from
each state

25

En el Congreso hay 100 Senadores,
2 de cada estado.

6 years

26

Por 6 años

The answer to this
question depends on
where you live

27

La respuesta a esta pregunta
depende del estado donde usted viva

There are 435 voting
members in the House
of Representatives

28

En la Cámara de Representantes hay
435 miembros con derecho a votar

29

For how long do we elect each member of the House of Representatives?

¿Por cuánto tiempo elegimos a cada miembro de la Cámara de Representantes?

30

Who is the head of the Executive Branch of the U.S. Government?

¿Quién es el jefe del Poder Ejecutivo del gobierno de los Estados Unidos?

31

For how long is the President elected?

¿Por cuánto tiempo se elige al Presidente?

32

What is the highest part of the Judiciary Branch of our Government?

¿Cuál es la parte más alta del Poder Judicial de nuestro gobierno?

For 2 years

Por 2 años

29

The President

El Presidente

30

The President is elected for 4 years

Al Presidente se le elige por 4 años

31

The Supreme Court

La Corte Suprema

32

33

What are the duties of the Supreme Court?

¿Cuáles son las responsabilidades de la Corte Suprema?

34

What is the supreme law of the United States?

¿Cuál es la ley suprema de los Estados Unidos?

35

What is the Bill of Rights?

¿Qué es la Carta de Derechos?

36

What is the capital of the state you live in?

¿Cuál es el nombre de la capital del estado en que usted vive?

To interpret and explain the laws

La interpretación y explicación de las leyes

33

The Constitution

La Constitución

34

The first 10 amendments to the Constitution

Las primeras 10 Enmiendas a la Constitución

35

The answer to this question depends on the state where you reside. To learn the capital of your state, go to http://www.firstgov.gov and select the state government link

La respuesta a esta pregunta depende del estado donde usted reside. Para enterarse de la capital de su estado, visite la siguiente dirección en la Web: http://www.firstgov.gov y seleccione el enlace del gobierno del estado

36

37

Who is the current Governor of the state you live in?

¿Quién es el Gobernador actual del estado donde usted vive?

38

Who becomes President if both the President and Vice President die?

¿Quién ascendería al cargo de Presidente si tanto el Presidente como el Vicepresidente fallecieran?

39

Who is Chief Justice of the Supreme Court?

¿Quién es el Magistrado Presidente de la Corte Suprema?

40

What were the original 13 states?

¿Cuáles fueron los 13 estados originales?

The answer to this question depends on where you live. To learn the name of the Governor of your state, go to http://www.firstgov.gov and select the state government link

37

La respuesta a esta pregunta depende del estado en donde usted vive. Para enterarse del nombre del Gobernador de su estado, visite la siguiente dirección en la Web: http://www.firstgov.gov y seleccione el enlace del gobierno del estado

The Speaker of the House

38

El Presidente de la Cámara de Representantes

John G. Roberts, Jr.

39

John G. Roberts, Jr.

Virginia, Massachusetts, Maryland, Rhode Island, Connecticut, New Hampshire, North Carolina, South Carolina, New York, New Jersey, Pennsylvania, Delaware, and Georgia

40

Virginia, Massachusetts, Maryland, Rhode Island, Connecticut, New Hampshire, North Carolina, South Carolina, New York, New Jersey, Pennsylvania, Delaware y Georgia

41

Who said, «Give me liberty or give me death»?

¿Quién dijo: «Dadme la libertad o dadme la muerte»?

42

Name some countries that were our enemies during World War II

Mencione algunos de los países que fueron enemigos nuestros durante la Segunda Guerra Mundial

43

What was the 49th state added to our Union (the United States)?

¿Cuál fue el estado 49 incorporado a nuestra unión (los Estados Unidos)?

44

How many full terms can a President serve?

¿Por cuántos períodos completos puede un Presidente ejercer su cargo?

Patrick Henry

Patrick Henry

41

Germany, Italy, and Japan

Alemania, Italia y el Japón

42

Alaska

Alaska

43

Two full terms

Por dos períodos completos

44

45

Who was Martin Luther King, Jr.?

¿Quién fue Martin Luther King, Jr.?

46

What are some of the requirements to be eligible to become President?

¿Cuáles son algunos de los requisitos necesarios para ser elegible a la presidencia?

47

Why are there 100 Senators in the United States Senate?

¿Por qué hay 100 Senadores en el Senado de los Estados Unidos?

48

Who nominates judges for the Supreme Court?

¿Quién hace la nominación de Magistrados para la Corte Suprema?

· PREGUNTAS DE CIUDADANÍA ·

A civil rights leader

45

Un líder dedicado a defender
los derechos civiles

A candidate for President must a) be a native-born, not naturalized, citizen, b) be at least 35 years old, and c) have lived in the U.S. for at least 14 years

46

La persona que aspira a ocupar el cargo de Presidente tiene
que: **a)** ser ciudadana por nacimiento y no por naturalización;
b) tener por lo menos 35 años de edad; y **c)** haber vivido en
los Estados Unidos durante por lo menos 14 años

Each state elects 2 Senators

47

Cada estado elige a 2 Senadores

The President nominates judges for the Supreme Court

48

El Presidente hace la nominación de
Magistrados para la Corte Suprema

49

How many Supreme Court Justices are there?

¿Cuántos son los Magistrados de la Corte Suprema?

50

Why did the Pilgrims come to America?

¿Por qué viajaron los primeros colonizadores a la América del Norte?

51

What is the executive of a state government called?

¿Qué nombre recibe el ejecutivo de un gobierno estatal?

52

What is the head executive of a city government called?

¿Cuál es el nombre del ejecutivo principal del gobierno municipal?

There are 9 Supreme Court Justices

Hay 9 Magistrados de la Corte Suprema

49

To gain religious freedom

Para obtener su libertad religiosa

50

The Governor

El Gobernador

51

The Mayor

El Alcalde

52

53

What holiday was celebrated for the first time by American colonists?

¿Cuál fue la festividad que los colonos norteamericanos celebraron por vez primera?

54

Who was the main writer of the Declaration of Independence?

¿Quién fue el autor principal de la Declaración de Independencia?

55

When was the Declaration of Independence adopted?

¿Cuándo se adoptó la Declaración de la Independencia?

56

What are some of the basic beliefs of the Declaration of Independence?

¿Cuáles son algunos de los principios básicos de la Declaración de la Independencia?

Thanksgiving

El Día de Acción de Gracias

 **53**

Thomas Jefferson

Thomas Jefferson

 54

July 4, 1776

El 4 de julio de 1776

 55

That all men are created equal and have the right to life, liberty, and the pursuit of happiness

Que todos los hombres fueron creados iguales y tienen derecho a la vida, a la libertad y a la búsqueda de la felicidad

56

57

What is the national anthem of the United States?

¿Cuál es el himno nacional de los Estados Unidos?

58

Who wrote The Star-Spangled Banner?

¿Quién escribió el himno nacional norteamericano, The Star-Spangled Banner?

59

What is the minimum voting age in the United States?

¿Cuál es la edad mínima para votar en los Estados Unidos?

60

Who signs bills into law?

¿Quién firma los proyectos de ley para convertirlos en ley?

· PREGUNTAS DE CIUDADANÍA ·

The Star-Spangled Banner

57

El himno titulado en inglés
«The Star-Spangled Banner»

Francis Scott Key

58

Francis Scott Key

18 is the minimum voting age

59

La edad mínima para
votar es de 18 años.

The President

60

El Presidente

61

What is the highest court in the United States?

¿Cuál es la corte más alta de los Estados Unidos?

62

Who was President during the Civil War?

¿Quién fue el Presidente durante la Guerra Civil?

63

What did the Emancipation Proclamation do?

¿Cuál fue el efecto de la Proclamación de la Emancipación?

64

What special group advises the President?

¿Qué grupo especial asesora al Presidente?

The Supreme Court

La Corte Suprema

61

Abraham Lincoln

Abraham Lincoln

62

The Emancipation Proclamation freed the slaves.

La Proclamación de la
Emancipación liberó a los esclavos

63

The Cabinet advises the President

El Gabinete asesora al Presidente

64

65

Which President is called the «Father of our Country»?

¿A qué Presidente se le llama el «Padre de nuestra Nación»?

66

Which President was the first Commander-in-Chief of the U.S. Army and Navy?

¿Qué Presidente fue el primer Comandante en Jefe del Ejército y la Marina de los Estados Unidos?

67

What was the 50th state to be added to our Union (the United States)?

¿Cuál fue el estado número 50 incorporado a nuestra Unión (los Estados Unidos)?

68

Who helped the Pilgrims in America?

¿Quién ayudó a los Primeros Colonizadores de Norte América?

George Washington

George Washington

65

George Washington

George Washington

66

Hawaii

Hawaii

67

The American Indians/ Native Americans

Los indios o indígenas
norteamericanos

68

69

What is the name of the ship that brought the Pilgrims to America?

¿Cuál fue el nombre de la nave que trajo a los Primeros Colonizadores a Norte América?

70

What were the 13 original states of the United States called before they were states?

¿Qué nombre tenían los 13 estados originales de los Estados Unidos antes de convertirse en estados?

71

What group has the power to declare war?

¿Qué grupo posee la autoridad para declarar la guerra?

72

Name the amendments that guarantee or address voting rights

Mencione las Enmiendas que garantizan o tratan sobre el derecho a votar

The Mayflower

Mayflower

69

Colonies

Colonias

70

Congress has the power to declare war

El Congreso tiene la autoridad para declarar la guerra

71

The 15th, 19th, 24th and 26th amendments

Las Enmiendas 15, 19, 24 y 26

72

73

In what year was the Constitution written?

¿En qué año se redactó la Constitución?

74

What are the first 10 amendments to the Constitution called?

¿Qué nombre se dió a las primeras 10 Enmiendas a la Constitución?

75

Whose rights are guaranteed by the Constitution and the Bill of Rights?

¿Los derechos de quiénes están garantizados por la Constitución y por la Carta de Derechos?

76

What is the introduction to the Constitution called?

¿Qué nombre recibe la introducción a la Constitución?

The Constitution was written in 1787

La Constitución se redactó
en el año 1787

73

The Bill of Rights

La Carta de Derechos

74

All people living in the United States

Los derechos de todas las personas
que residan en los Estados Unidos

75

The Preamble

El Preámbulo

76

77

Who meets in the U.S. Capitol building?

¿Quiénes se reúnen en el edificio del Capitolio de los Estados Unidos?

78

What is the name of the President's oficial home?

¿Cuál es el nombre de la residencia oficial del Presidente?

79

Where is the White House located?

¿Dónde está ubicada la Casa Blanca?

80

Name one right or freedom guaranteed by the first amendment

Mencione un derecho o libertad que la primera Enmienda garantiza

Congress

Los miembros del Congreso

77

The White House

La Casa Blanca

78

Washington, DC

En Washington, DC

79

The rights of freedom of religion, of speech, of the press, of assembly, and to petition the Government

Los derechos a la libertad de expresión, de religión, de reunión y de presentar solicitudes ante el gobierno

80

81

Who is Commander-in-Chief of the United States military?

¿Quién es el Comandante en Jefe de las fuerzas armadas de los Estados Unidos?

82

In what month do we vote for the President?

¿En qué mes del año votamos por el Presidente?

83

In what month is the new President inaugurated?

¿En qué mes ocurre la inauguración del nuevo Presidente?

84

How many times may a Senator or Congressman be re-elected?

¿Cuántas veces puede un Senador o un miembro de la Cámara de Representantes ser re-electo?

The President

El Presidente

81

November

En noviembre

82

January

En enero

83

There is no limit

No hay un límite

84

85

What are the two major political parties in the United States today?

¿Cuáles son los dos partidos políticos principales en los Estados Unidos en la actualidad?

86

What is the executive branch of our government?

¿Cuál es el Poder Ejecutivo de nuestro gobierno?

87

Where does freedom of speech come from?

¿De dónde viene la libertad de expresión?

88

What U.S. Citizenship and Immigration Services form is used to apply for naturalized citizenship?

¿Qué formulario del Servicio de Ciudadanía e Inmigración de los Estados Unidos se utiliza para solicitar la ciudadanía por naturalización?

The Democratic and Republican parties

El partido demócrata y
el partido republicano

85

The President, the Cabinet, and departments under the cabinet members

El Presidente, el Gabinete, y los
departamentos bajo la dirección
de los miembros del Gabinete

86

The Bill of Rights

De la Carta de Derechos

87

Form N-400 (Application for Naturalization)

El Formulario N-400
(Solicitud de naturalización)

88

89

What kind of government does the United States have?

¿Cuál es el tipo de gobierno de los Estados Unidos?

90

Name one of the purposes of the United Nations

Mencione uno de los propósitos de las Naciones Unidas

91

Name one benefit of being a citizen of the United States

Mencione uno de los beneficios de poseer la ciudadanía de los Estados Unidos

92

Can the Constitution be changed?

¿Es posible modificar la Constitución?

A Republic

89

El de una república

For countries to discuss and try to resolve world problems or to provide economic aid to many countries

90

Para que los países discutan y traten de resolver problemas mundiales o para ofrecer ayuda económica a muchos países

---

To obtain Federal government jobs, to travel with a U.S. passport, or to petition for close relatives to come to the United States to live

91

Obtener empleos en el gobierno federal, viajar con pasaporte de los Estados Unidos, o solicitar permiso para que parientes cercanos vengan a vivir en los Estados Unidos

---

Yes, the Constitution can be changed

92

Sí, es posible modificar la Constitución

93

What is the most important right granted to United States citizens?

¿Cuál es el derecho más importante concedido a los ciudadanos de los Estados Unidos?

94

What is the White House?

¿Qué es la Casa Blanca?

95

What is the United States Capitol?

¿Qué es el Capitolio de los Estados Unidos?

96

How many branches are there in the United States government?

¿Cuántas ramas hay en el gobierno de los Estados Unidos?

· PREGUNTAS DE CIUDADANÍA ·

The right to vote

El derecho a votar

93

The President's official home

La residencia oficial del Presidente

94

The place where Congress meets

El sitio donde se reúne el Congreso

95

There are 3 branches

Hay 3 ramas

96